日台の架け橋・百年ダムを造った男

Saito Michinori
斎藤充功

時事通信社

八田與一の肖像画（原画は嘉南農田水利会に保存されている）
（3ページまでいずれも「金沢ふるさと偉人館」提供）

スチームショベルを使って土砂をすくい上げる作業（1922年頃）

堰堤中心部へのコンクリート埋め込み作業

堰堤上から現場を視察する八田與一（ステットソンのソフト帽を被っている。1929年頃）

スチームショベルを使ってエアーダンプカーに土砂を積み込む作業
（1926年頃）

現在の烏山頭ダム（台南県政府荘昭盛氏撮影）

現在の烏山頭ダム（放水口）（台南県政府荘昭盛氏撮影）

改訂新版刊行にあたって

今から七八年前に台湾に完成した烏山頭ダム――。今なお、台湾の人たちはこのダムを造った八田與一技師に感謝の念を抱き、命日の五月八日には湖岸に建立された八田の坐像の前で、ゆかりの日本人とともに合同慰霊祭を催している。

最近、活字メディア以外に八田技師の生涯を題材にした「パッテンライ」（八田がきた）が虫プロでアニメ映画化され、改めて八田の人間像にスポットが当たった。現地でも、嘉南農田水利会が「烏山頭ダム」の放水口近くに「八田與一紀念館」を建設して、彼の業績を紹介している。それと、日本でも八田の故郷といっていい金沢市に「金沢ふるさと偉人館」が開設され、彼の業績が紹介されている。

本書が刊行されたのは一一年前であった。その後、新たな資料の発掘があり、またアニメ映画化の話もあり、タイトルを『日台の架け橋・百年ダムを造った男』と改題して出版することができた。

新版では元版の誤りも直し、新たに「八田與一と台湾略年表」を付して八田と台湾の関係が一目で分かるようにした。また、ダム建設中の貴重な写真と博士の肖像画（原画は嘉南農田水利会が保存している）が発見されたので掲載した。

取材当時、日本―台湾を幾度となく往復して現地を可能な限り踏査したが、いま、烏山頭ダム周辺はどのように変わっているのか、是非再訪してみたい。

今回、新版刊行に当たり、「八田技師夫妻を慕う台湾と友好の会」事務局長・中川外司氏には事実関係について丁寧なご教示をいただいた。改めて謝意を呈する。

また、新版刊行に当たり奔走してくれた時事通信出版局の相沢与剛氏には心からお礼を申し上げる。

著者記す

二〇〇九年一月

日台の架け橋・百年ダムを造った男

目次

はじめに——1
序章　夢に賭ける——11
第一章　土木技師への道——18
第二章　麗しの島・台湾へ——32
第三章　外代樹との結婚——46
第四章　東洋一のダム計画——52
第五章　ダム先進国・アメリカへ——72
第六章　一〇年がかりの大工事——85
第七章　烏山頭に誕生したダムの街——104

第八章　地球を半周する給排水路――122
第九章　神の与えた水――144
第十章　勅任技師・八田與一――165
第十一章　海南島視察――185
第十二章　朝鮮・満州・中華民国を視察――193
第十三章　與一の殉職――205
第十四章　終戦――外代樹の死――228
エピローグ――240
あとがき――245

装幀　坂田政則

東シナ海
福建省
富貴角
淡水渓
淡水
大屯山
基隆
中正国際空港
三重
士林
台北
三貂角
桃園
板橋
中壢
新店
台湾海峡
新竹
宜蘭
蘇澳
苗栗
大安渓
大甲渓
雪山
南湖大山
大甲
台中港
豊原
東勢
合歓山
大肚渓
台中
太魯閣
立霧渓
彰化
霧社
花蓮
南投
日月潭
霧社水庫
鯉魚潭
濁水渓
澎湖諸島
斗六
澎湖水道
雲林
阿里山
秀姑巒山
北港渓
澎湖島
嘉義
玉山
台湾
新営
珊瑚潭
曽文水庫
(烏山頭ダム)
六甲
新港
曽文渓
台南
安平
二層行渓
台東
高雄
鳳山
屏東
緑東
高雄国際空港
下淡水渓
太平洋
蘭嶼
恒春
小蘭嶼
鵞鑾鼻
南シナ海

はじめに

北回帰線を越えた北緯二三度一〇分に位置する台湾第四の都市、台南市。市内にはマンゴーやバナナ、パイナップルなど南国の果物があちこちで売られ、甘酸っぱい匂いが漂っている。その台南市から北東四〇キロのところに、嘉南平野に水を送る烏山頭水庫（以下ダムと記す）があり、ダムの堰堤一・三五キロは現在、格好のハイキングコースになっている。また、湖水周辺は遊歩道や公園が整備され、一年中、行楽客でにぎわっている。

一九九六年（平成八）五月八日。この日はダムの生みの親である日本人の八田與一の五〇回忌に当たり、現地のダムを眺望する高台には台南市の農田水利会の関係者と日本から與一の霊を供養するために訪台した親族、それと、金沢の農業関係者ら五〇余人が墓前に集っていた。

八田與一――。今日の日本人にはほとんどその名を知られていない人物だが、台湾では「恩人」として、とくに農業関係者の間では「八田技師」の名で今でも敬愛されており、毎年、與一の命日五月八日には地元の人たちによって墓前祭がとりおこなわれている。そして、九六年は五〇回忌ということもあり、例年

堰堤上を蒸気機関車に引かれるエアーダンプカー

にも増して盛大な墓前祭が開かれた。

五〇回忌ということは、最初の墓前祭がとりおこなわれたのは戦後間もない一九四六年（昭和二十一）ということになる。その時代、日本は終戦一年目で、ここ台湾でもかつての統治者日本から権力が中華民国に委譲され、在台していた多くの日本人は戦々恐々の日々を送っていた。なにしろ五一年間にわたって台湾を支配した日本人である。

そんな混乱した時代に、恩人とはいえ台湾人がかつての支配者であった日本人の一人を慰霊するなど、きわめて珍しいことで、それだけに最初の墓前祭は與一を知るごく親しい台湾人だけでおこなったという。

五〇回忌の慰霊祭は、地元嘉南村の道教の住職の読経で始まった……。

一枚の図面と写真

筆者の手許に、一九三〇年（昭和五）六月に発行された「嘉南大圳平面図」と表記された縮尺二〇万分の一の地図がある。この「大圳」は中国語で水利構造を指し、水田に水を引く給排水路のことで、「嘉南」は地名である。そして現在、この地域は嘉南平野とも呼ばれ、台湾の南部にあ

る。平野の広さは嘉義市から南は台南市にまたがる南北八六キロ、東西七一キロのほぼ香川県に匹敵する面積で、平面図には幹線、支線、分線と分けられた給排水路が毛細血管のように書き込まれている。

さらに、そのスケールの大きさはといえば、灌漑面積が南北あわせて一五万ヘクタールという台湾第一の肥沃な水田地帯なのである。そして、もう一枚の資料は写真で、この嘉南大圳に農業用水を送るために官田渓をせき止め、その上流に烏山頭ダムを建設しているパノラマ写真である。

撮影されたのは平面図が発行される二年前の二月。堰堤には煙を吐いて、当時は珍しいエアーダンプカーと砂利を満載した貨車を牽引する蒸気機関車が写されており、このワンシーンの写真と平面図を見ただけでも、いかに、この土木工事が巨大スケールで成されたものなのか彷彿としてくる。写真は、戦前日本が統治していた台湾で撮影されたもので、キャプションに「工事中の官田渓貯水池堰堤」とある。要するにダム工事の現場写真で、今から六八年前に烏山頭工事事務所の記録班が撮影したものであった。

この時代、日本は後進帝国主義国家として近隣に二つの植民地をもっていた。一つは朝鮮であり、一つは台湾であった。前者は三五年間、現在のソウルを京城と改称させた首都に、絶対的権威の象徴としてドイツ人建築家ゲオルグ・クラランデが設計した朝鮮総督府を置き、また台湾にも半世紀にわたる支配の象徴として日本初の設計コンペに入選した長野宇平治の手になる台湾総督府を現在の台北に置いていた。台北の呼称は今も昔も変わらない。だが、植民地統治の象徴であった二つの旧総督府は今日、韓国は解体、台湾は保存と決定した。韓国では一九九五年八月の光復節（解放記念日）に解体式のセレモニーが開かれ、今日その偉容は完全に姿を消した。一方、保存と決定した台湾では現在も赤レンガと大理石で造られた四階建ての重厚な建物を総統府として使っており、李登輝総統は毎日、この建物の中で執務している。日本支配のシンボルを、一方は国情に合わせて解体、他方は保存使用と、戦後、それぞれ位置付けしたわけである。

ところで、半世紀にわたる日本の台湾統治について、台北で興味深い発言があった。内容は次のようなものである。

「中国大陸からの開拓民と先住島民とがばらばらに住む辺境社会だった台湾は、日本統治時代による近代化の洗礼を受け、初めて台湾人としての住民の一体感が生まれた」

発言者は台湾大学の呉密祭歴史学教授で、彼は総督府が推めた台湾近代化を評価する発言を、朝鮮総督府との対比で新聞記者にしていた。また、彼の指摘した台湾近代化の洗礼とは、社会基盤の整備、いわゆるインフラで、上下水道、港湾、鉄道、電気、通信、道路、灌漑用水などの整備を指したわけで、辺境社会の台湾が近代化と向かい合えたのは、総督治政の成果であるとコメントしたのである。

前出の李総統は一九九六年三月に台湾初の民選大統領として再選された。また、彼は日本と関係の深い

湖面が珊瑚の枝の形をしているところから別名珊瑚潭と呼ばれる烏山頭ダム

人物で戦前、京都帝国大学で農業経済学を学んだ農業の専門家でもある。その総統が、ある座談の席で八田與一について思い入れを込めて流暢な日本語で語る機会があった。

「台湾に寄与した日本人を挙げるとすれば、おそらく日本人の多くの方はご存じないでしょうが、嘉南大圳を大正九年から一〇年間かけて造り上げた八田與一技師が、いの一番に挙げられるべきでしょう。台湾南部の嘉義から台南まで広がる嘉南平野にすばらしいダムと大小さまざまな給水路を造り、一五万㌶近くの土地を肥沃にし、一〇〇万人ほどの農家の暮らしを豊かにした人です。

今、その貯水池は珊瑚潭と呼ばれ、湖畔に八田夫婦の墓があります。八田技師のブロンズ像も置かれています」

戦前に日本語教育を受けた李総統の世代は、流暢な日本語を話し、また日本人の台湾における功罪を熟知している人たちが多い。李総統の話は台湾人にはよく知られたエピソードなのだ。

通水されていない分水路

今日、日本・台湾間には成田新国際空港発着便だけでも四社が就航しており、少ない曜日でも一日に一〇便が運行し、台北まで三時間四五分の飛行時間で乗客を運んでくれる。そして、台湾を訪れる日本人は年間九〇万人を超え、さらに、北回帰線を越えて台南に足を延ばす観光客も年々増えているという。

ダムに建つ日本人銅像

湖面にボートも浮かぶ烏山頭ダムが完成したのは一九三〇年（昭和五）のことだった。設計者は台湾総督府土木局の幹部技師で、当時、監察掛長から、ダムを建設するためにつくられた官田渓埤圳組合に出向した八田與一であった。また、このダムは烏山頭の上流の曽文渓と濁水渓（渓は谷川の意）の二本の急流から導水して貯水したものである。完成当時の満水貯水量は日本の黒部ダムの総貯水量の七五％に相当する一億五〇〇〇万《トン》で、湖面の面積が六〇〇〇《ヘクタル》という巨大なものであった。また、このダムは上流に戦後造られた曽文渓ダムに次いで、現在でも台湾第二の灌漑ダムとして地元では通称「八田ダム」と親しみを込めて呼ばれている。

台南市からダムのある台南県官田郷嘉南村までの道中は、舗装路あり未舗装路ありで、マイクロバスは田舎道を一〇〇キロ近いスピードで飛ばして行く。沿道は区画整理された水田がどこまでも続いているが、五月の台湾は雨期とはいえ二毛作の水田に青々とした稲穂が育っている地域は少なかった。案内役の嘉南農田水利会顧問の徐欣忠は説明する。

「台湾も日本同様、政府の減反政策が実施されていて米作を控えているのです。それと、今の時期は雨期でも水が極端に少なく、給水制限をしている状態です」

目を凝らして水田を見ていると、確かに休耕田が多く、土地を涵養《かんよう》している様子がよくわかる。それに、農地は輪作のため、米の代わりに水をさほど必要としないサトウキビやトウモロコシ、パイナップル、トマト等が栽培されていて、末端の分水路には水が止められた地域も散見できた。そして、この総延長一万六〇〇〇キロに達する給排水路も與一が設計したものであった。

八田夫妻の墓の裏面

一九九四年（平成六）五月八日。日本ではこの季節、春風駘蕩《たいとう》、微風の心地よさについウトウトしてしまうが、亜熱帯の台南市は、太陽がギラギラと照りつけ、まぶしさでめまいがするほどであった。筆者がこの季節に烏山頭ダムを訪ねたのは與一の四八回目の慰霊祭に出席するためで、慰霊祭はダム湖近くに建てられた墓所でおこなわれることになっていた。

與一のブロンズ像

墓碑に刻まれた與一の没年は昭和十七年（一九四二）五月八日。墓石は台湾特産の大理石ではなく、日本から高雄に運び込まれた黒御影石を地元民が捜し出したもので、浄財は嘉義県から台南県にまたがる嘉南平野で稲作に従事する農民が集め、半世紀前に建てたものであった。

今年（一九九六年）も嘉南の農民たちは日本人と合同で霊前に集い、與一の五〇回目の慰霊祭をおこなった。では、なぜ、與一はこれほどまでに地元の農民に敬愛され親しまれているのだろうか……。それも戦前の日本人が、である。

墓地は幹の太さが三〇㌢以上もあるガジュマルの樹に囲まれた見晴らしのいい高台にあって、墓石の前には與一のブロンズ製の座像が据えられている。その視線は前方にひろがるダム湖畔を眺望しており、座像の造形はひと仕事して一服というモチーフで、作業着姿の與一が片膝を立て、右腕をこめかみに当ててなにやら思案顔、といったポーズである。それに、墓石の表には妻の外代樹《とよき》の名も與一と並んで彫られていた。墓石が地元の人々の手によって建立されたことを唯一証明しているものは、裏に彫られた「嘉南大圳建設技師八田與一・中華民国三十一年五月八日没享年五十六歳」「妻外代樹中華民国三十四年九月一日没享年四十五歳」という墓碑銘と、この墓石を建てた嘉南大圳農田水利協会の文字である。それによると建立は民国暦三十五年十二月十五日。民国暦三十五年は西暦に直せば一九四六年で、日本の終戦一年後に墓石を建てていたわけである。

物珍しそうに墓を眺めていた女の子が二、三人いたので、近寄って話を聞いてみた。彼女たちは新営から来た女子高生でダム見学のついでに寄ったという。

「学校の授業でダムを造ったのが日本人ということは聞いて知っていました。しかし、なんという日本人なのか先生も知らなかったので興味をもってここに来ました。説明板を読んで八田與一技師ということが分かりました。驚いたのはダムができたのが私のお爺さんの時代で、遠い昔に一〇年もかけて八田技師はここに住みついてダムを完成させたと書いてあります。日本人はすごいと思いました」

筆者は彼女に、「日本人の像があるのはここと台北だけだが、解放前に台湾人を搾取していた日本人に反感をもたないの」と、意地悪な質問をしてみた。

「台北の銅像のことは知りませんが、八田技師が台湾人のためにこれだけのダムを造り、今でも役に立っているのは感謝すべ

当時のままの1.35キロの堰堤

きで、日本人であっても技術に国境はないと思いますが……」

彼女の目は「あなたは日本人なのにどうして誇りをもてないのか」と、私を非難しているようで質問しながら視線を外してしまった。若い人たちは日本時代のことよりも、ダムが台湾人の役に立っているという事実を素直に受け入れるだけのノーマルな感覚をもっていたことになんとも新鮮な気持ちになり、改めて與一の功績を反芻したのである。

野外の熱射を避けてガジュマルの木陰に身を置いた。汗がすうーっと引き、木立を渡る風がなんとも心地よかった。

ところで、日本内地ではほとんど実用化されていなかったスチームショベルやエアーダンプカー等の土木機械を使って、この巨大プロジェクトを昭和初期に完成させた土木技師八田與一という人物に、筆者が強く魅せられたのは二年前である。きっかけは與一の慰霊祭に出席したことからであった。それ以来、筆者は與一の足跡を求めてフィールドワークを始めたが、なかなかこれという資料に出会えず、結局、日本・台湾の間を往復するはめになってしまった。

今、筆者が立っている場所は與一が一〇年の歳月をかけて完成させた烏山頭ダムを眺望できる座像の横だが、この位置から眺望できる堰堤はその先端が遥か彼方に延びて、群青の空に溶け込んでいる。

いわばこの場所こそが、筆者の取材行の原点になったところで、ダムに刻まれた六七年という時空を超えて、取材は戦前の資料探しから始まった。

序章　夢に賭ける

台湾で敬愛される日本人

一九八〇年（昭和五十五）四月十二日付の北国新聞に次のような記事が載った。

「日本の統治下にあった戦前の台湾で、東洋唯一の灌漑用半射水式ダムを建設し、戦時中に亡くなって四〇年以上が経過した今も、現地農民から慈父のように慕われている金沢出身の土木技師の遺族らが、命日の五月八日に墓参を兼ねて台湾を訪れ、長年供養を続けた現地関係者に感謝の気持ちを伝える計画を練っている」

もちろん、この金沢出身の技術者とは八田與一のことであるが、おそらく新聞記事としてはもっとも早い時期に報道されたものであろう。また、関係者とは與一の親戚筋に当たる八田一成と金沢市議、それに学校関係者ら六人であった。そして、この最初の慰霊訪台が成功すると、その後、金沢から農業関係の団体が次々と訪台し、地元で烏山頭ダムを管理する嘉南農田水利会と友好親善の交流を深めていくことになる。また地元金沢にも「八田技師を偲び、嘉南の人たちと友好を深める会」（事務局長中川外司氏）が結成されて、毎年墓前祭には現地を訪ねている。その交流は今日まで続いており、台南と金沢を結ぶ親善の輪は広がっていった。

一九八六年（昭和六十二）三月。遺族らが訪台した翌年、金沢市教育委員会は訪台に同行した学校関係者の報告を元にして、小・中学校の教育現場で使う「道徳・郷土資料集」を編纂する。その中の「郷土の先人の伝記」の項で「台湾を愛した日本人」として、八田與一が取り上げられている。また、台湾を愛した日本人は戦後四四年経て金沢市民の前に現れ、台湾に遺した巨大な土木遺産の全容を知らしめたのである。

では、その巨大な灌漑用ダムとはいかなる規模のものなのか。戦後、東京大学総長に就任した経済学者の矢内原忠雄が四十一歳のときに上梓した研究書に『帝国主義下の台湾』という植民地政策を論じた名著がある。本書の「独占の成立」の項には、「官田渓貯水池」、いわゆる烏山頭ダムについての記述がある。

「嘉南大圳は灌漑面積十五万甲歩、台湾全耕地の五分の一に当たり、利害関係人四十万人、台湾全農業戸数の十分の一に上る一大水利事業であり、区域内の給排水事業を独占する。この事業は大正六年総督府が官営の考えを以て計画を始めたものであるがそのきわめて大工事なるにより予算の関係上大正九年に公共埤圳組合を設立してこれに当たらしめ、総督府は一切の官設埤圳を打ち切りその予算残額一千二百万円を全部この組合に補助することとなした……（後略）」

補足すれば一甲歩とは中国の面積を表す単位（二九三四坪）でおよそ一㌶に相当する。なお、本書が上梓されたのは一九三四年（昭和九）九月で、「埤圳」とは灌漑施設をいい、官田渓貯水池は本書が刊行される四年前に完成していた。

それから六七年、また、日本の植民地から解放されて五一年の時間が過ぎたが、現在の台湾は東南アジア各国の中でも経済的な繁栄は抜きんでている。貿易立国として、経済分野では今日でも日本と関係が深く、九州にほぼ匹敵する島に、最近の統計では二一〇〇万人の人口を抱え、一人当たりのGNPは一万一〇〇〇米ドル（以下ドル）を超え、輸出入合わせ年間の貿易額は一七八四億ドルに達している。また、東南アジア各国と比較してみると、もっとも先端を走っている香港、シンガポールに次いでGNPが高い。対日関係ではシンガポールの輸出四六億五〇〇〇万ドル、輸入一九六億ドルに対し、台湾は輸出一〇二億ドル、輸入二四八億ドルと経済面で緊密な関係にある。また、韓国との比較でも、GNPは約一・三倍で、とくに外貨準備高では韓国の二五六億ドルに対して台湾は九八二億ドルと三・八倍強のスケールがある。ちなみに一九九四年のデータで外貨準備高を日本と比較しても、台湾は日本の約一・三七倍の外貨を保有していた。

このように、経済の数字を見ただけでも東南アジア各国の中では日台の関係はとくに深く、先述したように、日本から台湾を訪ねる観光客は年間九〇万人に達し、台湾から日本を訪ねる観光客もピークを過ぎたとはいえ五〇万人もいるのである。このように物的・人的往来で強く結びついているのが今日の日台関係なのである。

それと、これは当然のことなのだが、台湾の街を歩けば「孫文像」と「蒋介石像」にぶつかる。かつて日本時代には日本の軍人、官僚、経済人の幾多の銅像が建てられていたが、もちろん今日では一掃され、その片鱗すら目にすることはない。

しかし、先述したように戦前の日本人で銅像が残されている人物が二人だけいる。八田與一のほかに、日本のジャポニカ種を改良して台湾の米「蓬莱米」を完成させた農学博士磯永吉の胸像で、こちらは台湾大学農学部に置かれている。與一と永吉。この二人は「水」と「米」の関係で、同時代に台湾で結びつくことになるのだが、二人は今日、日本よりむしろ台湾で敬愛されている人物なのである。

東洋一の灌漑ダム

ところで、東洋一の灌漑ダムを当時、人跡未踏の地といわれた嘉南郷の「烏山頭」に建設するために、與一ら先遣隊が地形調査と測量を始めたのは、ダム工事が始まる一年前の一九一九年（大正十一）九月で、日本が台湾を領有してから二四年後のことであった。総督は第七代の陸軍大将明石元二郎、そして補佐役の民生長官が下村宏の時代で、この頃の台湾は日本人の移植者も最盛期を迎え、民生も安定した時代であった。しかし急を要した事業に水田開発があった。亜熱帯性気候で二毛作、三毛作が可能な台湾の気候とはいえ、水田開発には「水」が欠かせないわけで、河川の開鑿《かいさく》とダム建設が総督府の最重要課題にもなっていた。

だが、難題は台湾の急流河川の制圧であった。中央山脈を背骨とする台湾の河川は、高地から海岸線まで一気に流れ落ちるショートハインドがほとんどで、雨期には手をつけられないほどの暴れ川になる。一方、乾期になると川底も干し上がるほど水がなく、年間降水量二〇〇〇㍉を超える台南地方とはいえ、増減が激しい川ばかりで、安定した水量の確保が農民の長年の夢であった。

そんな急流の一つに台南の北側を流れる台湾四位の全長一三七キロの曽文渓があった。源流は当時、「新高山」と呼ばれた中央山脈の玉山という富士山よりも高い山の南に発していた。しかし、曽文渓は中流付近でも人がほとんど足を踏み入れたことがないといわれるほどの険しい川であった。その曽文渓に目をつけたのが與一で、時は一九一八年（大正七）六月、当時、三十二歳の総督府土木技師八田與一は新婚早々で仕事が面白く、やる気十分の中堅技師として、渡台八年目の夏を迎えていた。

青年土木技師八田與一

台湾総督府は、一八九六年（明治二十九）の勅令第八八号で公布された日本が初めて外地にもった植民地の統治機関である。総督は官制上、一九一〇年（明治四十三）の韓国併合に伴って創設された朝鮮総督府の総督が内閣総理大臣の監督を受けるのと違い、内務大臣の監督下にあり、同じ総督であっても朝鮮総督が上位というランク付けがされていた。

與一が渡台したのは朝鮮総督府が創設された年の九月であったが、実態として韓国には既に朝鮮半島を支配する韓国統監府が機能しており、新たに「朝鮮総督府」に組織を改編したのは朝鮮人の支配強化にほかならなかった。しかし、與一は朝鮮を選択せず台湾に興味をもち、就職先として台湾総督府を選んだ。

それにしても、当時の超エリートが集う東京帝国大学工科大学土木科を卒業した與一が、マラリアやペストなど伝染病がはびこる亜熱帯の台湾に関心をもったのは、技術者としての職分と野心だったのだろうか。おそらく弱輩でも技術者として存分に腕を振るうことができる、そんな期待と野心があったためであろう。

時代は一九四〇年（昭和十五）と下るが、戦前、台湾の国策会社の一つであった台湾拓殖会社に勤めていた三日月直之は生前の與一を知る数少ない生き残りの一人である。今年（一九九六年）八十六歳になる彼は與一から直接、台湾行きの理由を聞いていた。

「台拓に入社して三年目の二十六歳のときでしたか、私が八田さんと初めて会ったのは総督府の土木課の部屋でした。当時、八田さんは技師の最高位の勅任技師になっていました。訪ねたのは台拓が主催していた技術懇談会の講師を依頼にいった時で、その際、八田さんは総督府に勤めた理由を、『朝鮮は帝大出の技師がゴロゴロしていて技手で仕官しても、仕事は末端の図面引き程度と聞いていた。それなら、台湾の方が大きな仕事ができるし、それに技手の身分でも腕を振るうことができると面接官に言われ、技術者としての技量を試してみたいと思った』と語ってくれました。五十過ぎの八田さんが若造の私に、なんのてらいもなくこんな話をしてくれて、私は感激しましたね。それと、若いころの八田さんには野心というか、大きな仕事をしてみたいという夢があったのですな。そして、その夢を実現したのが嘉南大圳でした」

野心と夢……。二十四歳の與一はそんな気持ちを抱いて未知の台湾に渡ることになる。しかし、日台間は近いといっても当時の交通手段は船便だけである。玄界灘を越えて渡る同じ植民地の朝鮮の釜山行きと比べると、東シナ海を航海するだけに、距離も五倍以上に延び、最速の客船でも神戸―基隆間は三昼夜航海になる。與一が渡台した一九一〇年（明治四十三）八月の神戸―基隆間は最速一四ノットを出せる日本郵船の備後丸でも七二時間かけての船旅であり、やはり内地から見ると台湾は遠い、異国に変わりはなかった。

その異国の地、台湾に與一が総督府官房人事課の内示を受けて赴任したのが八月三日で、神戸を鎌倉丸で発ち、台湾最大の港である基隆に上陸したのが、三昼夜経た十一日であった。総督府は基隆から四〇キロ離れた台北に置かれており、與一は築港駅から台北まで汽車で旅をした。

城内にあった初代の台湾総督府

基隆と「打狗」と呼ばれていた南端の高雄をつなぐ南北縦貫線四六三キロの鉄路は既に、二年前に全線開通していた。また、與一が赴任した時代の総督府は、赤レンガが建設される前の西門町にあり、建物は清国時代の最高行政機関であった巡撫衙門を使っていた。與一はたぶん、台北駅から四キロ離れている総督府までの道中を人力車に乗り期待に胸をふくらませて初登庁したのではないか。

なにしろ、野心と夢をもって台湾に乗り込んできた與一である。亜熱帯の強烈な日差しを浴びて額から汗が吹き出す八月とはいえ、與一は車上で得意然として台北に第一歩を印したのであろう。二十四歳の北国生まれの青年技術者の目に異国の地、台湾はどんな印象を与えたのだろうか……。

第一章　土木技師への道

加賀の豪農「八田家」

金沢市中心部から北東に一〇キロほど行った白山の麓、河北潟に近い現在の金沢市今町は、昔から「越後の今町絹織所、加賀の今町花所」と歌に詠まれるほど仏花の菊花栽培が有名で、與一が生まれた当時は石川県河北郡花園村字今町と呼ばれていた。與一は一八八六年（明治十九）二月二十一日、八田家五代目当主の四郎兵衛の五男として出生した。今日、今町は金沢市に合併されているが、戦前は花園村に属していた。近隣に八田村があり「八田家」は、その地が出自で「八田屋」と呼び慣らされていた。

八田屋と呼ばれていたのは、近在に才田家の才田屋、あるいは大場家の大場屋というように在所の有力者の家に村民は屋号をつけていたためである。八田家は花園村で代々続く大百姓で当時、一五町歩の田畑を持ち、地元では近在に知られた名家でもあった。

與一がどんな環境で成長したのか知りたくて、筆者が初めて八田家を訪ねたのは一九九六年の三月であった。

この季節、地元では本来なら菊花栽培の最盛期なのだが、最近では専業の栽培農家も減ってきて、年々菊花の出荷量も減少傾向にあるという。それでも、畑のビニールハウスのあちこちから菊花の香りが漂ってくる季節であった。目指す八田家は、敷地五〇〇坪は越える今町でも目立つ大きな屋敷を構えていた。

八田與一の生家

当主は九代目に当たる四十九歳の守、義父が先述の一成で、入り婿であった。守は言う。

「この家は明治に建て替えたものですから、九〇年は経ってますな。與一さんのことは義父に聞いたりして台湾時代のことは知っとります。しかし、家には與一さんの資料はほとんどないのです」

そう言いながら見せてくれたのが、八〇ページほどの「水明かり」と題した八田與一の追偲録で、発行人は夫人の外代樹。発行日は與一の死から一年のちの昭和十八年五月八日になっていた。

「與一さんの経歴や台湾時代のことを知る資料としてはこの冊子が一冊だけなのです」

冊子の内容はおいおい触れるとして、経歴の最後に書かれている法名、戒名のことだが、浄土真宗では法名と称しており、與一につけられた法名は「啓徳院釈拓誉大居士」であった。「拓誉」の文字は生前の與一の仕事ぶりがしのばれる法名ではないか。

法名といえば、八田家の仏間を見せてもらったが、十畳敷きの部屋が仏間になっていて、畳一畳ほどの金細工が施された豪華なはめ込み式の仏壇がしつらえてあった。宗旨は浄土真宗。真宗王国といわれるほどに北陸は真宗の門徒が多い土地で、與一も真宗門徒であった。八田家は代々真宗大谷派の檀家である。守の話によると與一は信心深い門徒であったという。

私は八田家の仏間や部屋、それに庭なども見せてもらったが、なげしに長刀が架けてあるのを見て、さすがに何代も続いた旧家と、八田家の盛大さに感心してしまう。一刻、守とあれこれ話が弾んだが、守も與一のことについては、三年前に亡くなった義父の話以外には技術者與一像を超える具体的な情報は何ももっていなかった。

今町にある八幡社

帰りがけに守に案内してもらったのが、花園小学校正門の前にある村の氏神様の八幡社であった。話によると生前、與一は帰村したときに連名で献燈を寄付したそうで、社の前に左右に建てられたその献燈の裏を見ると、風雪で文字もだいぶ風化しているが、昭和十七年の年号と八田與一の名が読み取れた。そして、與一の隣に「佐藤賢了」と彫られた寄付者の名もあった。

「賢了」という僧侶のような名に興味をもち、守にどんな人物なのか尋ねてみた。しかし守は、その人物については何も知らなかった。佐藤賢了といえば金沢出身の軍人に同姓同名の人物がいる。東京裁判でA級戦犯に指名された佐藤賢了で、戦時中、陸軍省軍務局長の要職にあった。彼が與一と一緒に献燈を寄付したのだろうか……。

與一の私信に一九四二年（昭和十七）四月二十三日に書かれたものがあり、発信地は東京になっている。「比島綿作水利調査に出張すべく上京中なる事、佐藤賢了君の軍務局長就任を慶して期待し居る事……」云々とある。佐藤賢了が軍務局長に就任したのは同年四月二十日で、與一が佐藤君と呼んで就任を慶んだのはやはり、八幡社に献燈を寄付した軍務局長の佐藤賢了のようである。、賢了の年譜を調べてみると、彼も花園村今町の出身であった。ちなみに、賢了は一八九五年（明治二十八）六月生まれで、與一とは九歳離れており、学年でいえば賢了が花園尋常小学校に入学した年に與一は森本尋常高等小学校に在籍していた。また、賢了が一中と呼ばれていた石川県立第一中学校を卒業したのは一九一四年（大正三）三月で、與一は一九〇四年（明治三十七）三月に卒業している。明治の学制も高等学校以上が四月入学で、卒業も三月であったが、二人は机を並べて勉強する機会はなかった。賢了は中学を卒業してから軍人の道を選んだわけで、陸軍幼年学校から始まる生粋の軍人ではなかったことが年譜からうかがえる。しかし、二人は幼年時代には故郷の田舎で山野を闊歩したこともあったのだろう。

八田屋のよいっつあん

ところで、與一は少年時代どんな子供であったのか。同郷の作家で県立第一高等女学校の教師をしていた濱田隼雄は「水明かり」に與一の少年時代を次のように書いていた。

「もっとも印象深い事は『八田屋の與一さん』（よいっつあんと発音する）の愛称である。『八田屋の與一さん』と云えば恐らく幼少の時から大学を卒業して台湾へ勤務せられるに至るまで今町の村の花形役者で、人気の中心であった。與一さんの周囲には同年輩の友達のみならず、年上の者も筆者の如き著しく年少のもの（筆者は賢了と同い年であった）まで常に大勢集まっていた。山へ行くにも泳ぎに行くにも與一さんが先頭に立たれると、皆がぞろぞろついて行ったものである。與一さんは常に明朗快活で、その談話は聞いていて愉快であると共に教訓に富んだものであった。斯くして村人の誰にも好かれて、『與一さん、與一さん』と呼ばれて親愛せられたのである（後略）」

與一にガキ大将的な素質があったのだろう。子供たちの先頭に立って仲間を引っ張って行くリーダーシップがあり、ボス的存在であったようだ。当然、隣近所に住んでいた賢了も與一の尻について遊び回っていたと想像がつく。また濱田の記憶によれば、與一は大学を卒業するまで村の花形役者であったというから、大学時代もよく村には帰省していたのだろう。

ところで、先述したように與一は石川県立第一中学校を卒業したわけだが、学校が在った本多町まで片道一〇キロの道のりは徒歩通学であった。

明治三十年代といえば今日の高等学校に相当する中学校の進学率はきわめて低く、與一の花園村でも尋常高等小学校三年を卒業した卒業生のうち、上級学校に進学する生徒は一〇〇人中わずか三人程度であった。

花園村は與一が生まれた三年後に今町を含め近在の六カ村が合併して村になっており、戸数九二二戸、村民数四八六二人で、学齢期の子供は三六〇人余りであった。その中で中学に進学できたのが三人ということは、教育以前の問題で、中学進学は親の財力が必須条件であったといえる。

それと、通学といえば当時はもっぱら徒歩で、バスなど走っていない金沢近郊からの通学は草履履きの徒歩通学で一〇キロ、二時間の通学時間など当たり前の時代であった。

県立一中とはさほど離れていない場所に鉛瓦で有名な金沢城があり、城内には犀川の水を辰巳用水に通水し、サイフォンの原理を応用した揚水施設があった。與一は恐らくこの岩盤をくり抜いて造りあげた辰巳用水の遺構と揚水施設を見て、土木技術が生活に密着した技術であることに感嘆したことだろう。

花園村の出世頭といわれた與一と賢了。後述するが、二人は運命的な邂逅《かいこう》をすることになる。その時は死者と生者という出会いで、與一は殉職、賢了は慰霊碑に碑文を書くという関係であった。

そして、その時の與一の官職は台湾総督府鉱工局高等官二等勅任技師。賢了は陸軍省軍務局長で階級は少将であった。

ところで八田屋のよいっつあんのその後だが、県立一中を卒業すると得意の数学と英語を武器に日露開戦の一九〇四年（明治三十七）に第四高等学校の工科甲類を受験し合格した。

この時代の高等学校のコースは文科と理科に分かれていた。第一外国語は英語を甲類と称し、ドイツ語を乙類、フランス語は丙類で、與一の場合は理科系工科で英語を選択したので工甲入学となったのである。

また、当時の受験科目を調べてみると意外に多岐にわたっており、文理共通の科目は修身、漢文、数学、外国語、法制および経済、体操。それに工科は専門科目として物理、化学、鉱物および地質の科目があり、與一はしめて一一科目にトライしたわけである。

これだけの受験科目を平均的にクリアしないと合格しなかった当時の高等学校の試験は、生半可な準備ではとても合格はおぼつかなかったであろう。

それに、さらに上級校の大学進学となれば、より専門的な試験もあり、明治の「学士」はまさに「様」がつくほど希少価値があったわけである。

四高時代といえば、口伝による與一の在学中のエピソードに、一中卒業生による久保校長の銅像建設にまつわる話がある。

それは、銅像の建設資金が不足したので久保校長の義兄に当たる大阪商船社長の中橋徳五郎に同窓会が建設資金の援助を頼んだところ断られ、幹事有志が憤慨したという。しかし、與一の意見は次のようなものであった。

「久保校長の徳を讃えるための事業ならあくまで子弟の力で完成させるべきである。資金不足で故校長の縁者に援助を受けたとなれば故人の徳を傷つけることになり、中橋さんは恐らくそのような考えから援助を謝絶したと思われる。銅像建設はあくまで同窓生と生徒の寄付のみで行うもので、どうしても資金が不足となれば中橋さんに事情を話して同窓会に寄付をお願いすれば中橋さんも応じてくれると思う」

結果は與一が述べた意見の通り、中橋に寄付を頼んだところ快諾してくれ、同窓会に多額の寄付をしてくれたという。このエピソード、できすぎた話でもなくはないが、與一が物事を理詰めで思考するタイプの人間であることを物語るものとして、正鵠を得た話ではある。また、四高時代の與一を取り巻く人間関係には、同期の卒業生の中に内務官僚から新聞界に転じ読売王国を創った正力松太郎や国産第一号のブルドーザーを開発した小松製作所中興の祖といわれる河合良成などがいたが、二人は文系卒業生で、與一との親交などは自伝や日記の類には記述されていなかった。しかし三人の帝大入学はほぼ同じ時期なので、丹念に資料をあされば、あるいは富山出身の二人と與一との交友を裏づける文書などが出てくるのではないか。

與一の四高卒業は略歴によると一九〇七年（明治四十）三月で、一八八六年二月生まれの與一は、二十一歳で卒業したことになる。当時の学制は尋常小学校六年、尋常高等小学校三年、中学校五年、高等学校三年で留年や落第がなければ高等学校卒業までの時間は一七年間ということになる。現在の教育制度と比べると旧制の高等学校は新制大学の四年に相当し、大学の三年間はマスターコースに当たる高等教育ということになる。

東京帝国大学工科大学土木科に入学

二十一歳で四高を卒業した與一は、四月始業の東京帝国大学工科大学土木科に入学した。今日の東京大学である。東京帝大といえば、戦前の卒業生で頑として「東大卒」ではなく「帝大卒」を言い張る卒業生がいるが、確かに戦後の新制大学に衣替えする以前の東京帝国大学を卒業した人なら理屈は合っているわけで、ノスタルジー以前の矜持というものなのだろう。だが、與一が入学した明治四十年代の「東大」は、紛れもない東京帝国大学で、「学部」を分科大学と称していた。

與一は工学部土木科へ入学しているので、当時の呼称は東京帝国大学工科大学土木科入学ということになる。土木科には講座が土木学、農業土木、鉄道土木、港湾土木等があり、與一は本流の土木工学を学んでいた。といっても講座の境界線はさほどハッキリと分かれたものではなく、むしろ自由な雰囲気で他の講座も受講できたようで、與一が農業土木を学んでいたとしても不自然なことではなかろう。

與一が家族や親戚縁者、それに学校関係者の盛大な見送りを受けて金沢駅から花の都東京へ旅立ったのは残暑が厳しい八月中旬であった。上京のルートは恐らく一八九九年（明治三十二）二月に米原―富山間が開通していた北陸線経由の東海道線ではなかったか。というのは、富山以東、糸魚川―直江津間が開通するのは大正時代に入ってからで、與一が上京した時代のルートは金沢―米原間に北陸線を使い、米原から東海道線で上京するというのが一般的なコースであった。だが、今日と違い東海道線の終着駅は東京駅ではなく、現在の新橋駅の東方にあった汐留駅が新橋駅と呼ばれる帝都のターミナル駅で、当時の駅舎は鉄骨レンガ造りの二階建てであった。そして、新橋駅を発着する列車は日に二〇本もあり、長距離列車は山陽線を通り、当時、赤間関と呼ばれていた下関行きが一日一本、午後発車していた。

ところで、初めて目にした帝都の景観に與一はどんな印象をもったものだろうか。残念ながら與一の心象を推し量る日記等の記録がないため想像するほかはないが、巨大なレンガ造りの建物やチンチン電車と呼ばれた路面電車、それに登場して間もない自動車、まばゆい電灯の輝きを目にして帝都という巨大な都市に驚嘆したのではないか。

明治四十年代。東京市と呼ばれていた帝都の人口は二〇〇万人を超え、区部は一五区であった。東京帝大は本郷区にあり、地方都市の金沢を出ることがなかった與一にとって、見るもの聞くもの珍しいものばかりであったろう。なにしろ、新橋から銀座を経て日本橋に至る沿道は日本一の繁華街が連なる場所で、與一が目にしたこともない路面電車が走っていた。また、與一は出入りしたこともないだろうが、当時の新橋は東京の花柳界を代表する場所で、芸者の一流は名妓と呼ばれ、絵葉書になるほどの人気者であった。

作家の谷崎潤一郎は青春物語で、

「何しろ当時の芸者といふものは、上は貴顕搢紳から下はわれわれのやうな文学青年に至るまで、士農工商あらゆる階級の男性の愛を惹きつける、唯一の浪漫的な存在であつた……。しかし名妓と云はれるものの人気の素晴らしさと、見識の高さと、社会的地位とは、今の第一流のキネマスタア（注・女優）をもつて来ても遥かに及ばないであらう」

とまで、新橋芸者の質の高さを書いている。当時の新橋芸者は柳橋芸者に拮抗するほど力があり、女優など足下にも及ばぬ人気者であったことを体験的に作品の中に記したのである。

上京して新橋駅からまず與一が向かったのは大学近くにある富山・石川両県が共同で管理していた明倫学館という下宿であった。当時から本郷は下宿の盛んな街で、地方から帝大に入る学生は知り合いがなければほとんどが下宿生活で、帝大生はとくに大事にされたという。與一が新橋からどの道を通って本郷まで向かったのかはまったく分からないが、路面電車は既に新橋駅前から有楽町―神田―昌平橋―本郷三丁目の区間は開通していたので途中、何回か乗り換えれば本郷の帝大前まで行けたのである。新しいものに興味をもつ與一は当然、二銭の電車賃で路面電車に乗って本郷まで行ったことであろう。また、土木技術者を目指す與一にとって、東京は専門家の目で見ても随所に興味を引く構造物が造られていた。例えば一丁ロンドンといわれた丸の内の鉄筋コンクリートやレンガでできた建物、隅田川や神田川に架かる鉄骨の橋梁、市内電車のトンネル、鉄道の高架橋、上下水道設備などで、この時代は国産技術の花が百花繚乱と咲いた時代である。

一九〇七年（明治四十）九月、錦秋のこの季節は現在なら東大名物の銀杏が実をつけている。ところがまだプロムナードに銀杏並木は完成されておらず、東京帝大のキャンパスから本郷通りの路面電車がよく見えたという。與一が入学した工科大学土木科は現在の工学部の建物で、講座は前述の四講座を含め六講座があった。また、当時の学期は現在と異なり一〇カ月で一学年を修了し、卒業までの年限は三年間であった。そして、授業は学生数も少ないことから教授と学生の距離はゼミ並みの至近距離で講義を受けることができた。いうなればマンツーマンで講義を受けられたわけである。

当時、土木科の気鋭の教授といえば北海道で築港と併設する鉄道工事に数々の業績を残した広井勇で、後年、広井の後輩たちは小樽築港の業績を顕彰するために港を俯瞰できる小樽公園の見晴らし台に広井の胸像を建てている。また、広井は札幌農学校工学科第二期生を卒業し、北海道庁技師を務めていた一八八九年三月に工学博士の学位を授位している。そして、同年九月に東京帝大工科大学の教授に招請された。理由は学識と実務に精通した土木技術者としての力量を評価されてのことであった。與一が広井教授の指導を受けたのは教授が四十六歳の時で、「土木の世界」をエネルギッシュに学生に語る広井の真摯な態度、そして技術者としての豊富な経験談は、與一に後のちまで強い影響を与えることになる。

恩師広井勇

與一とも関係が深く、また小樽築港の恩人ともいわれている広井について、ここで触れてみる。與一と広井が東京帝大で教授と学生という立場で邂逅したのは、先述したように與一二十一歳、広井四十六歳の時で、與一は卒業までの三年間、広井の薫陶を受けていたが、広井は学者タイプの書斎派というよりも実学を重視する技術者であった。広井の専門分野は港湾工学で、功績は防波堤などに働く「波」の力を波圧計で計算する波力算定法の公式を確立したことである。今日でも「広井公式」と呼ばれて防波堤の設計には必ず用いられる公式となっている。また、広井は橋梁工学の分野でも名を成し、海外でも『プレートガーダーコンストラクション』の著者として有名である。だが、広井の業績で特筆すべきは、なんといってもコンクリート強度の経年変化を百年というタイムスパンで研究した耐久試験だろう。この試験によって、広井の名が世界的に喧伝されている。

　実学を重視した広井の学問は研究、試験が基本であった。功績としては、とくに土木の世界でもっとも大量に使用するコンクリート材の耐久性をテストピースで試験したことにあり、その成果はひび割れ防止やコンクリートの耐海水性向上に世界で初めて火山灰を混入して、その効果を立証したことである。

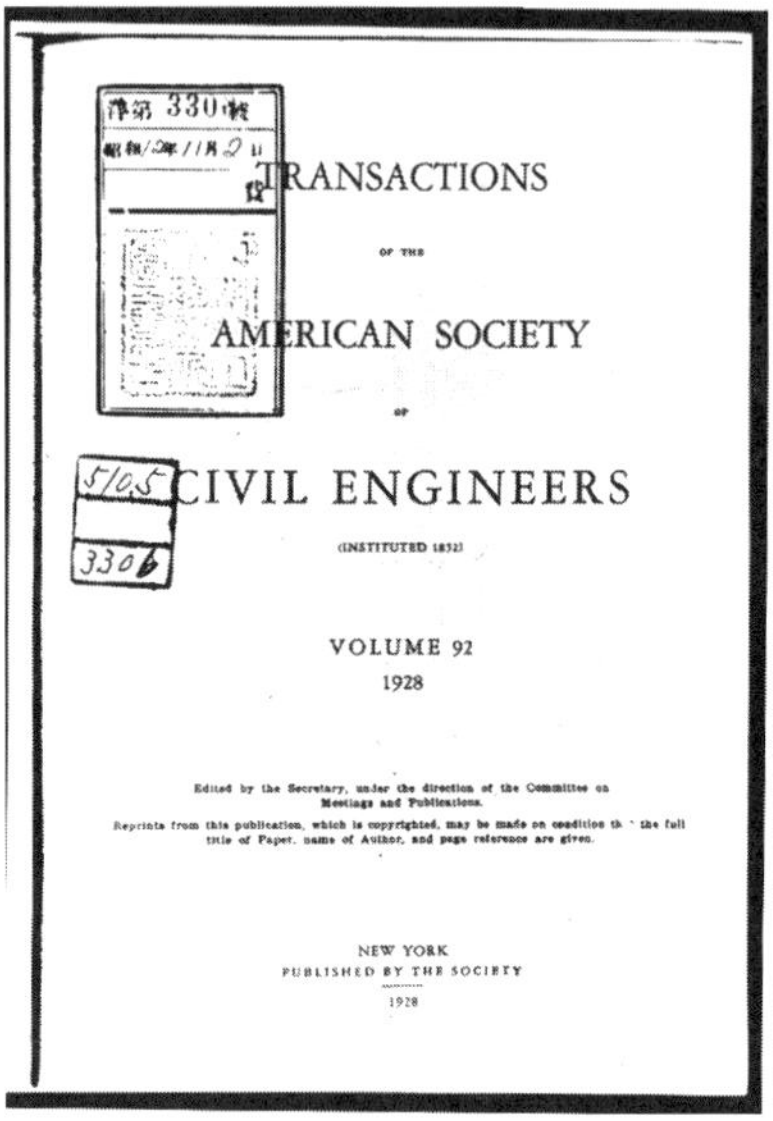
TRANSACTIONS
OF THE
AMERICAN SOCIETY
OF
CIVIL ENGINEERS
(INSTITUTED 1852)

VOLUME 92
1928

Edited by the Secretary, under the direction of the Committee on Meetings and Publications.
Reprints from this publication, which is copyrighted, may be made on condition that the full title of Paper, name of Author, and page reference are given.

NEW YORK
PUBLISHED BY THE SOCIETY
1928

與一が論文を発表した米土木学会誌

　與一が、四十六歳というもっとも油の乗り切った時期の広井について土木の実学を学べたことは幸運であったといえよう。なお、広井の人となりについて札幌農学校時代の同級生の内村鑑三は端的に告別式の悼辞で述べている。

「……広井君が工学に成功したのは君が天与の才能を利用したに過ぎません。しかし乍ら如何なる精神を以て才能を利用せしか、人の価値は此れに由つて定まるのであります。……事業の為の事業に非ず、勿論名をあげ利を漁る為の事業に非ず『此貧乏国の民に教へを伝ふる前に先ず食べ物を与へん』との精神の下に始められた事業（注・小樽築港）でありました。それが故に異彩を放ち、一種独特の永久性のある事業であつたのであります（後略）」

與一が恩師広井の死を知るのは渡台五年後のことになるが、内村の悼辞を耳にしたならば、自らの生き方に重ね合わせて広井の死を感無量に受け止めたであろう。とくに、「如何なる精神を以て才能を利用せしか、人の価値は此に由つて定まるのであります」というくだりが、與一の生き方を示唆していた。そして「一種独特の永久性のある事業であつたのであります」と、いうくだりはまさに、與一と烏山頭ダムとの関わりにピッタリではないか。恩師でもある大先輩の広井は、小樽築港でその業績を後世に遺し、また、後輩の與一は台湾に東洋一の灌漑用ダムを遺している。明治男に共通する信念は不屈の闘志であった。

「八田屋のよいっつあん」の三年間の帝大時代は広井教授の聴講に明け暮れていたようだ。教授の口癖は「実習で実学を学び技術先進国の欧米の技術書を原書で理解しろ」であったという。與一が英語に堪能であったのは学生時代の勉強の成果で、一八五三年ペルリが浦賀に来航する一年前に創刊されたアメリカの土木学会誌『AMERICAN SOCIETY OF CIVIL ENGINEERS』を、大学の図書館でよく読んでいたという。後述するが後年、與一にはこの会誌に論文を発表するという機会が巡ってくることになる。テーマは当然のことながら與一が設計した「セミ・ハイドロリック・フィル」工法による烏山頭ダムについてであった。

第二章　麗しの島・台湾へ

日本の台湾経営

一九一〇年（明治四十三）の七月に與一は帝大を卒業する。就職先は台湾総督府土木部であった（後年総督府の組織改編があり土木部は土木局となる）。朝鮮総督府を選ばずに台湾総督府を選択した與一の動機は、推論ながら先述した通りで、新天地に技術を生かすことにあったのだろう。

渡台した当時の台湾総督は陸軍大将佐久間左馬太、民生長官は大島久満次であった。そして台湾経営の基礎となる土地調査、旧慣調査、資源調査、人口調査、そして市街地造成などのインフラ整備を推進したのが、一八九八年（明治三十一）三月に第四代総督の陸軍大将児玉源太郎とともに赴任した民生局長（後に官職名が長官となる）の後藤新平で、後藤は台湾経営の植民論を「生物学的植民地経営」と名づけ、一九〇六年（明治三十九）四月に満鉄総裁に転出するまでの八年余りの間、民生のトップとして辣腕をふるった。また、後藤が他の官僚よりも台湾に精通していたのは「阿片」に関わる意見書などを通じて総督府の衛生顧問に就任していたためで、台湾の実情を的確に把握していたことが挙げられる。

また、後藤の主唱した生物学的植民地経営論とは、渡台二カ月前に「台湾統治救急案」としてまとめた具体案のことで、後藤はそこで次のように台湾統治の要諦を述べている。

「拓殖の要項、専ら民情を斟酌して、その方針を定めべからずと雖《いえども》、これが拓殖事業に至りては、輓近の科学的政策を採るを要す。すなはち第一に鉄道、郵便、電信、汽車、汽船等を初めとし道路、治水、水道、下水、病院及び学校設置の方法を講ずるにあり。次に、殖産興業収税等の改良に着手すべきなり」

「救急案」としているものの、後藤はここで具体的に提示した政策を台湾で実行し、また後藤が満州に転任した後も総督府は後藤プランを推し進めて行くことになる。だが、後藤にしても、自らが主唱した政策が万事うまく運んだわけではなく、もっとも手を焼いたのが「土匪《どひ》」対策であった。

土匪とは高地に住む先住民族のことである。当時、総督府がもっとも力を注いでいたのがこの「理蕃五カ年計画」と称した山地民族の討伐で、とくにタイヤル族の宣撫に総督府は手を焼いていた。しかし、清国から台湾を割譲され日本領になった台湾とはいえ、先住民族にとって総督府の帰順工作ははなはだ迷惑な工作であったろう。支配者の論理が日本的な文化生活を与えるというものであっても、先住民にしてみれば固有の文化と生活の破壊にほかならないわけで、当然、抵抗することになり、日本が山地民族の討伐と宣撫を完全に達成するにはこの先まだ、だいぶ時間がかかることになる。終息するのは一九一五年（大正四）になってからである。なお、後述するが、山地民族の最大の「蜂起」は、烏山頭ダムが完成した年に霧社で起きた「霧社事件」である。

要するに理蕃五カ年計画とは力による帰順工作で、他民族を同化することに手を焼くのは当然であろう。

しかし、後藤の生物学的植民地論は台湾という異国の実情に合った明解な同化政策で、先住民族を生物にたとえた次のようなものであった。

「生物の生存環境はそれぞれ異なる属性を備へており、日本とは異なる独自の文化や習慣を持つている民族を日本といふ文化環境に同化させるのは無理なことなので、実態に即した方法で山地民族を宣撫し台湾経営を推し進めるべきだ」

いわばアメとムチを使い分けた植民論で、どうやら後藤のこの論はイギリスやフランスの植民地経営を参考にしたふしがあり、医師という科学者らしい現実的な発想の植民地経営論であった。

また、後藤は台湾の植民地経営では先述したように数々の実績をあげており、なかでも最大の功績は「土地調査事業」と、伝染病撲滅のための「衛生設備」の整備、それに台湾人の生活習慣の一つであった阿片吸引の厳禁策を「漸禁策」に変えたことであろう。

與一が渡台した年は理蕃五カ年計画が始まったばかりで、中心都市台北の外周の山地でも先住民の討伐と宣撫工作が進められていた。日本が下関条約で清国から正式に台湾の割譲を受け総督府を台北に設けたのは一八九五年（明治二十八）六月で、先住民族の制圧に手を焼いていたものの、後藤がプランナーとして進めた台湾経営は順調に進捗し、一、二年の間に基本的な社会基盤の整備は終わっていた。それも、日本内地の資本、技術、人材を頼ることなく台湾独自に成し遂げたのである。それを可能にしたのはなんといっても台湾のもつ農林鉱物資源の活用だが、人材の面でも與一のような野心をもつ有能な学卒が集まっていたからであろう。

台湾小史

ところで宗主国清国が「化外の地」と呼び、下関条約でいとも簡単に手放した半面、日本では「麗しの島」と呼びならわされていた台湾とはどんな歴史をもった島なのか。

地理学的なデータで説明すると、本島は中国大陸福建省の南東海上にある島で、福建省の省都福州から東に五〇キロの長楽市と台北郊外の淡水は台湾海峡をはさんでわずか一五〇キロの距離に過ぎない。また、東は太平洋に面し、北は東シナ海をはさんで日本の先島列島に接近している。最西端の与那国島から花蓮までは直線距離で一二〇キロである。そして、西はタンカーの往来が激しいバーシー海峡を隔ててフィリピン群島に接している。経緯度は北緯二一度四五分から二五度五六分、東経一二四度三四分から一一九度一八分に位置し、全島の面積は三万六〇〇〇平方キロである。九州よりやや小さい亜熱帯の島で、人口は現在約二一〇〇万人。住民の九八％が漢族である。言語は公用語に北京語が使われ、日常会話には台湾語や客家《はっか》語が使われている。

人口といえば、與一が渡台する五年前に全島の戸籍調査が実施されており、その時のデータでは全島民の数は約三〇四万七〇〇〇人となっている。そして、日本人は全体の一・九％で五万七〇〇〇人。もっとも多いのは当然ながら本島人と呼ばれる「台湾人」で九七・八％の二九八万人であった。また、本島人の内訳は閩南《ミンナン》系二四九万人、客家系四〇万人、先住民九万人、その他中国、外国人が一万人という数であった。

また、台湾島が地図上に初めて現れたのは一五四四年ごろのことである。発見者はそのころ西太平洋を大航海し、東南アジアから北東アジアにかけて航路と貿易を独占していたポルトガル人で、バーシー海峡を航行中に偶然発見したといわれている。そして、望遠鏡で覗いた島は緑に覆われており、発見者はポルトガル語で「イラ・フォルモサ」と叫んだともいわれる。イラ・フォルモサとは日本語で「麗しの島」と訳されていた。種子島にポルトガル船が漂着して、日本に初めて鉄砲がもたらされたのが台湾島発見の一年前のことであった。

では、日本人で最初に「麗しの島」に足跡を残したのは誰なのか。記録によれば、それは豊臣秀吉の使者として赴いた原田孫四郎で、時は一五九三年十一月。ポルトガル人が種子島に漂着した五〇年後で、孫四郎の訪台の目的は先住民に対しての秀吉への入貢の説得にあった。だが、孫四郎は当時スペインが支配していた呂宋島を台湾島と勘違いし、結果的には呂宋島より近い台湾島に到達している。持参した秀吉の書簡は、加賀前田家がどのような経緯で手に入れたのかは定かではないが、現在前田家の文書を収蔵している「加越能文庫」に納められており、実物を見ることができる。書簡に書かれた秀吉の認識する台湾とは「高山国」であり、文言の中に台湾の文字は表記されておらず、当時、日本では台湾を高山国と称していたようである。

しかしその後、台湾と接触した日本人は和冦や難破船で漂流した一部の者だけで、最初に台湾を占領したのはスペイン人であった。次いで本格的に進出してきたのがオランダで、現在の台南市の赤嵌、オランダ語のゼーランジャに城を築き、三八年間支配していた。だが、一六二八年六月に、日本の朱印船によるゼーランジャ城襲撃という事件が持ち上がった。後年、船頭の名を取ってこの事件は「浜田弥兵衛事件」と呼ばれることになる。弥兵衛がゼーランジャ城を襲撃したのはオランダと日本の確執が遠因であった。城主のピーテル・ノイツが前年、東インド会社（本拠はバタビア）の総督の親書を持って江戸に出府した。しかし幕府は親書の受け取りを拒否。その報復としてピーテルは城の近くに入港していた朱印船を拘束する。そのため、弥兵衛はピーテルを人質に捕るためにゼーランジャ城を襲撃するという経緯であった。

ついで、オランダの過酷な徴税に反抗して組織的に立ち上がったのが、近松門左衛門の戯曲でも有名な『国性爺合戦』に登場する、日本人を母にもつ鄭成功である。鄭はゲリラ戦でオランダを駆逐する。そして、城の周辺を今でも残る地名の安平鎮と命名した。

鄭成功が「反清復明」をスローガンに台湾を支配したのは一六〇〇年代の後半二三年余りで、その間、一族の内紛や最高指導者鄭の死により一族の結束が乱れ、結局、台湾攻略の清軍に無条件降伏して清国に統治権を奪われ、鄭政権は終焉を迎えた。満州族の清王朝は当初、台湾領有には消極的で放棄論が大勢を占めていた。

しかし清国は二一二年間にわたって台湾を領有することになる。政策の基本は、台湾はあくまで「化外の地」であり、住民は「化外の民」として粗雑に扱われていた。また、清朝末期の台湾の最高統治者は「巡撫」。いうなれば台湾省長官とでもいうべき職制であった。そして、先述したように巡撫が事務を司る役所を巡撫衛門と称した。所在地は台北の旧城内にあり、日本時代は西門町と呼ばれていた。

では、肝心の「台湾」の語源だが、民俗史料などによれば、もともと台南付近の高地に定住していた先住民のシラヤ族が客人のことを「タイアン」あるいは「ターヤン」と称していたことから、後にその言葉が訛ってタイワンと閩南語で発音するようになったようだ。いうなれば、台南市は「台湾」発祥の地といってもいい歴史の古い街で、古都として四〇〇年近い歴史をもつ。

民生長官後藤新平

駆け足で台湾の歴史に触れたが、日本が台湾を領有して植民地として支配したのは終戦までの間、五一年間であった。歴代の総督、民生長官の中でとくに後藤新平の業績が評価される例が多いのは先述した通りで、アメとムチを緩急自在に使った点が後藤の真骨頂であった。

また、後藤は台湾の農業振興にも多大な関心があり、来島三年目の一九〇一年（明治三十四）七月には与一とも深い関係をもつことになる「台湾公共埤圳規則」を定め、水利灌漑施設の整備と水利施設の建設を総督府令として制度化している。後藤は台湾の水事情が深刻なことを理解しており、総督府が「水の管理」を一元的にすれば農民間の軋轢が減殺することを認識していた。

では、後藤が台湾の近代化を台湾人に誇示するため、インフラ整備の看板事業として着手した一九〇〇年代の各種事業を俯瞰してみることにする。

まず港湾の整備であった。日本領有初期の時代にも港は北部の基隆、台北郊外の淡水、南部の安平、打狗（高雄）にあったが、いずれも水深が浅く荷役設備も貧弱で大型船の接岸は無理であった。そこで最初に手をつけたのが、基隆港の水深を深くするための浚渫《しゅんせつ》工事と鉄道の整備である。鉄道建設は清国時代に巡撫の職にあった劉銘伝が一八九一年（明治二十四）十月に日本の鉄道と同じ三フィート六インチ幅のゲージで基隆―台北間を開通させていたが、計画では打狗までの縦貫鉄道であった。しかし、鉄道は設計の不備や資金不足で台北の先の新竹まで約一〇〇キロ延びたところで工事は打ち切りとなり、後を引き継いだのが総督府である。再開工事は、一八九九年三月に基隆港の引き込み線から始まり、軌道、道床の全面改修であった。先述したように、全線開通したのは九年後の一九〇八年（明治四十一）四月であった。

それに、南北縦貫鉄道が開通する前に後藤プランは次々と実施されていった。たとえば、台北の都市改造と上下水道の設備、総督府医学校の開校、台湾銀行開設、打狗港の改修工事、台北、台中、台南の三都市に電話局開設等々である。なかでも、インフラの基盤整備になる台北の都市改造と上下水道の設備は急務で、後藤は着任前の総督府衛生顧問の時代に内務省雇いのG・バルトン技師を台北に派遣した。

バルトンは精力的に島内を調査し、派遣一年後の一八九七年（明治三十）四月に実地調査の報告書を後藤に提出した。内容は以下のようなものであった。

一、第一に台北、第二に基隆、第三に台南、安平、澎湖島、嘉義などの順で速やかに衛生工事を進める。

二、台北では水源を至急選定すべきであるが、在来の井戸があるため、下水道工事の着手を優先すべきである。

三、そのために「第一に台北市街設計図なるものを調整し」「幅員を定め道路を開削し、これに付随す

台湾総督府

る下水道はすなわち同時にこれを敷設すべきである」。

当時の台湾はマラリアやペストが流行し、中心都市の台北でも衛生状態は劣悪な環境にあった。また、道路は未舗装で狭く曲がり、家屋は日干しレンガ造りが大半で、便所はなく汚水は道路に捨てるか、敷地内に穴を掘って溜めるという状態で、まずは道路の整備と下水道の建設から都市改造が始まったのである。

一八九〇年代の台北は淡水河の水運で発展した物資集散地の大甫と、商業地の萬華、それに役所が置かれていた城内の三つの市街地から形成されていた。都市改造は後藤の着任後、部分的に始められたが、計画的に着手したのは一九〇五年（明治三十八）である。もっとも大がかりな工事は、新総督府を中心にして東西に延びる車道、プロムナード、歩道が三線でできた「三線道路」（今日も使われている）の工事であった。着工は與一が台北に赴任した年で、当然ながら與一もこの工事を見ていたことであろう。

そして、バルトンの指導で始められた上下水道の工事は、まず上水が一九〇九年（明治四十二）三月に給水を開始、次いで下水工事が完成したのは同年七月であった。東京でもまだ、一部地域にしか完成していなかった上下水道設備が、台湾では都市改造のもとに、早くも領有一四年後には完成し、ペストやマラリアの撲滅に多大の貢献をしていた。

また、都市改造では道路、上下水道の他にも公園、街路樹の植えつけ、レンガや石積みの官衙や家屋の建築が行われた。なかでも目玉になった建築は、佐久間総督時代に着工したレンガ石積みの新総督府であったろう。

「土木部技手を命ず」

與一が新総督府に勤務するのはこの先まだ時間がかかるが、初登庁は西門町にあった旧総督府で、最初に顔を出したのは官房人事課であった。着任の挨拶をしてから受け取った辞令は「台湾総督府土木部技手を命ず」というもので、身分は「技手」であった。

当時の官吏の制度は、日本内地に準じて総督府官制で定められていた。官吏は武官と文官に分かれ、文官も高等官と判任官に分類されていた。また高等官は勅任官と奏任官に分けられ、さらに高等官には一等、二等という等級がつけられていた。技手の身分は技術者の判任官で、他の官吏では外務書記生、あるいは裁判所書記、警部補等が判任官に定められていた。ちなみに、文官技術者の身分は技手の下が雇、工手で、上の身分は高等官の技師であった。また、技師であっても勅任官と奏任官に分かれていて、最高位は「勅任技師」の身分であった。

土木部工務課の技手として勤務を始めた與一の身分は、まもなく総督府官制が変わり、土木部が土木局に改編されて総督府土木局土木課技手の身分となった。着任一年後のことである。

さらに、明治が大正と改元されて三年目の一九一四年（大正三）六月には、高等官の総督府技師に昇進、職場は工務課の衛生工事掛に代わった。そして在台五年目、二十八歳にして全島の視察に出ることになる。また、視察は上下水道の水源確保のために適地を捜して山間部に足を踏み入れることが多かった。與一が台湾の地形に馴染むのもこの頃で、灌漑用ダムの設計にも大いに関心をもちはじめていた。

ところで、與一が希望に胸をふくらませ、総督府の土木技師として働き始めて五年が経った一九一五年、総督は前述の佐久間から陸軍大将の安東貞美に交代した。民生長官も、内田嘉吉から「海南」の号を持つ下村宏（昭和になって内閣情報局総裁に就任）が就任する。この下村の強力な後押しがあって初めて、與一も烏山頭ダム建設を実現することになる。総督の安東は在任期間三年であったが、取り立てて目立つ業績はなく、しいて言うならば自分の手で新総督府の看板の字を書いたことくらいであろう。

だが、台湾総督の権限は絶大で、まさに台湾に君臨する皇帝として「土皇帝」と称されていた。権力はトップの行政長官であると同時に駐劄台湾軍の「軍政」と「指揮権」をも手中にしていた。さらに法律を制定する権限も有し、裁判官と検察官の任免権ももっていた。また、総督府の全予算を執行する「財政権」も有しており、植民地統治の人事と予算、それに軍隊も統率するという巨大な権力を握っていたのである。

台湾をめぐる情勢

ではこの時代、日本内地、朝鮮、中国といった東アジアの情勢はどのように動いていたのだろうか。

まず、グローバルな動きでは、前年六月にセルビアの青年がオーストリアに併合されたボスニア・ヘルツェゴビナ地方を訪問したオーストリア皇太子夫婦を暗殺したサラエボ事件が起きている。ドイツに後押しされたオーストリアがセルビアに宣戦布告し、第一次世界大戦が勃発した。次いで、ドイツはロシアとフランスに宣戦布告。また、イギリスはドイツに宣戦布告して、欧州ではドイツ対三国の戦争が始まる。

日本が第一次世界大戦に参戦したのは日英同盟のよしみからで、ドイツに宣戦布告した。そして、当時、ドイツの租借地であった中国・山東半島の付け根の膠州湾に浮かぶ青島を攻略する。その後、日本は青島要塞を占領し、第一次世界大戦の戦勝国として、ドイツが支配していた南洋諸島の支配権を手中にすることになる。

また、日本が南洋に勢力を拡大していく政治的な動機は台湾と深い関係があった。というのは、児玉源太郎総督の時代にすでに、台湾を南洋開発の拠点にすべく、政策として台湾の役割を意見書の中で明文化していた。曰く、

「南進の政策を完うするには、内統治を励し、外善隣を努め、可なり国際上の事端を生ずるを避け、対岸清国並びに南洋の通商上に優越を占むるの策を講ずる事」

要するに、領有した台湾を地の利を生かして日本の南進の拠点にするということを宣言したわけで、南進論のはしりであった。そして、まず人と物資の往来を盛んにするために台湾を拠点に南洋諸島を結ぶ南洋航路が大阪商船の手で開設された。そして日本はその後、台湾で学んだ植民地経営を、国力の伸張とともにさらに南樺太、租借地の関東州、朝鮮、満州、南洋群島、東南アジアへと拡大していくことになる。

與一が台湾島内の水利調査をしている間に、欧州大戦はさらに拡大し、ベルギー、イタリアも参戦して欧州全域が戦場となっていた。また、日本は青島占領で騎虎の勢いをつけ、当時、中華民国大総統であった袁世凱に「対華二十一カ条」の要求を突きつけていた。

中国では、孫文が一九一一年（明治四十四）十月に清朝打倒をめざして起こした、いわゆる「武昌蜂起」といわれる辛亥革命が成功し、翌一二年一月一日に南京に樹立された臨時革命政府で彼が初代臨時大総統に選ばれ、中華民国が成立した。この年、中華民国元年となった。しかし、孫文はあくまで「臨時」の大総統で、孫文が組織した内閣は内紛から三カ月で崩壊し、孫文は大総統の地位を追われる。後を継いだのが袁世凱であった。

この対華二十一カ条は中華民国にとっては主権を侵害される屈辱的な要求で、日本の中華民国における外交、政治、財政、軍事の権限を大幅に認めさせるという内容であった。交渉は四カ月余り続いたが、最後は中華民国が屈服して日本の要求を受諾する。その日が一九一五年（大正四）五月九日であったことから、中国は後のちまでも五月九日を「国辱記念日」として、抗日運動の原点にしていくことになる。

抗日といえば、韓国の独立運動家の安重根がハルビン駅頭で枢密院議長の伊藤博文を射殺し、日本の租借地であった旅順で死刑を執行されたのは、韓国が日本に併合される五カ月前の一九一〇年（明治四十三）三月であった。それ以後、韓国内では各地で独立運動が頻発したため、朝鮮総督府では憲兵、警察を大量動員して独立運動家をはじめ、運動に参加する民衆の鎮圧を図った。

そして、独立運動を暴徒の反乱と切り捨てたのが総督の寺内正毅で、鎮圧の指揮官が後に第七代台湾総督に就任する陸軍中将の明石元二郎であった。また、明石は韓国在任中は韓国駐箚憲兵司令官の職にあり、総督府の憲兵警察制度を確立している。日本内地では大正天皇が即位したのがこの年で、空前の大戦景気に沸き、貿易で儲けた船成金が花柳界で一夜に数千円も使ったという。そして、庶民の間で流行ったのが時代を風刺した添田啞蝉坊の「ノンキ節」であった。

貧乏でこそあれ、日本人はえらい　それに第一辛抱強い
天井しらずに物価は上がっても
湯なり粥なりすすって生きている　ア　ノンキだね

貴婦人あつかましくお花を召せと　路傍でお花を押し売りなさる
オメデタ連はニコニコ顔でお求めなさる
金持ちは自動車で知らん顔　ア　ノンキだね

第三章　外代樹との結婚

十六歳の花嫁

一九一六年（大正五）五月、在台六年目に入った與一は衛生工事担当の掛長に昇進し、初めての海外出張を命ぜられている。視察先は香港、汕頭、アモイ、ボルネオ、セレベス、ジャワ、シンガポールで、目的は下水道施設の見学と南洋諸島における水資源の利用法にあった。期間は三カ月と長く、訪問地はイギリス、オランダの植民地であった。また、訪問のコースは台湾に近い中国大陸沿いの開港地のアモイに始まり、汕頭、香港と南下し、次いでボルネオ、セレベス、ジャワに立ち寄り、最終地がシンガポールであった。

しかし、この出張で與一がもっとも関心をもって視察したと思われる場所は上下水道が整備されていた香港やシンガポールなどではなく、未開拓のボルネオやセレベス、ジャワ島であったのではないか。また推論になるのだが、台湾では人跡未踏の山に分け入って水源調査をした実績もあり、何もない場所に物を造りあげるという、いわば画家が白いキャンバスに絵筆を使って「絵画」という作品を創造するように、技術者として「土木の世界」を形造ることを想い描いていたのではないか。

そのためには、白いキャンバス同様にまだ人の手が入っていない未開拓の地に関心をもったのは当然といえよう。三カ月に及ぶ海外視察を終えて帰台した與一は、八月には衛生工事掛長から土木局の監察業務を担当することになり、配置替えで監察掛長に就任した。とはいっても、部屋は土木課の中で衛生工事掛りの隣である。そして、高等官の等級も上がり、六等技師の辞令をもらったのである。

この時期、與一にとってはさしたる仕事もなく、監察業務というデスクワークで一年余りが過ぎていく。そして、翌一九一七年八月は與一にとって生涯を決するといってもいいほどのめでたい出来事が待っていた。それは結婚で、與一は三十一歳になっており、花嫁は十六歳の初々しい米村外代樹《とよき》であった。彼女は與一と同郷の金沢出身で医者の娘である。外代樹は利発な少女であったらしく、県立第一高等女学校を首席で卒業していた。一族には県会議員や医者も多く、金沢で米村家といえば地方の名士であった。

與一は今町の兄から送られてきた外代樹の一枚の見合い写真で結婚を決断し、外代樹を生涯の伴侶として選んだという。しかし、米村家の家族や親族は與一が帝大出の技師とはいえ、歳が十五歳も離れていることと、任地が金沢では想像もできない遠隔地台湾ということから、当初この結婚には反対したという。

しかし、與一の兄、智證の米村家への働きかけと、台湾から送られてきた與一の写真と釣書きを見た外代樹は、與一との結婚を自分自身の考えで決めたといわれる。最後は父親の吉太郎が周囲を説得してこの結婚を成就させている。結婚式は八月十六日で、與一は台湾から帰郷し実家で式を挙げた。前掲の「水明かり」に、米村吉太郎に結婚話をもちかけたときの経緯を兄が語っている。

「台湾の弟が三十を過ぎたので嫁を貰はねばならないが適当な候補者が居ませんか。弟は私を信頼して金沢地方の出身で私の気に入るのならばよいと云つている。外に条件はない。米村さんが一寸考へただけで『私の娘が如何でせう。今年女学校を卒業したので十七歳で年齢が少しちがふが、似合ふ様に思ふ』あなたの娘さんで、あなたが然う御考へなさるのならば申し分なしでせう。と云ふ訳で実質的には、仲媒人なしに即座に話が大体纏まったのである。

しかし、勤務地が台湾とか満州とか云ふと娘やその親たちが躊躇するのが多かつたのである。然るに米村さんが即座に御自身の娘を推挙せられたのは我が娘を信じたからでせう」（原文通り）

吉太郎と智證は先輩後輩の医者仲間で、日頃から医師会の会合などを通じてお互いに昵懇であったことが二人を結びつけたのだろう。智證はこうも語っている。

「何等の調査も詮議もせずに昵懇の仲から貰へたので両方共に大満足です」

数えの十七歳、満十六歳で與一に嫁した外代樹は、新婚旅行もそこそこに、同年九月には與一と親が身の回りの世話をさせるために付けてくれた女中の三人で神戸から渡台することになる。身の回りの世話に女中を付けるなど、親心とはいえ米村家は財力をもった開業医であったわけだ。

道中、基隆港に着くまでの間、與一は多分、新妻にいまだ見ぬ台湾の事情を事細かに聞かせたであろう。気丈な外代樹とはいえ、なにしろ十六歳の新妻である。與一は妻の不安をぬぐいさるべく大いに夢を語り、八田屋のよいっつあんぶりを発揮したのではないか。

外代樹が與一と女中とともに日本を発ったのは大正六年で、後述するが、台湾で亡くなるまでの二八年間の間に帰国したのはほんの数回しかなかったという。外代樹は與一と結婚した時から、台湾に骨を埋める覚悟で渡台したのではなかったのか。後述するが、最後は投身自殺であった。

また、内地では與一が帰国する三カ月前に「明治天皇暗殺計画」いわゆる、大逆事件が持ち上がり、社会主義者の幸徳秋水が逮捕された。この事件を契機に社会主義者は弾圧を受けて、内地では社会主義運動が冬の時代を迎えることになる。

水源開発

ところで、台北に落ち着いた二人が新居を構えたのは総督府の官舎なのか、それとも他の場所に民家を借り上げて生活を始めたのかは残念ながら証言者も物故しており、また資料で追跡することはできなかった。しかし想像するに、仕事に夢中になる與一のことなので残業も多くて、通勤に便利な総督府の近くに新居を構えたのではないか。それがいちばん自然に思えるのだが……。

それでは当時、與一はどんな仕事をしていたのだろうか。後輩の阿部貞壽技師は「水明かり」に、その頃のことを語っている。

「嘉南大圳に一番最初関係さして頂きましたのは、大正六年の十月二十七日だつたと思ひます。丁度台湾神社（注・社殿は明治三十四年に創建され、台湾で没した北白川宮が祭られていた。現在、跡地は円山公園になっており、敷地の中には中国様式の円山大飯店が建っている）の御祭りの前の日でありましたが、府（注・総督府）の方から出張命令を受けました。それから後日のことは兎も角と致しまして、この予算を纏め上げることについて、七年の三月一杯で最初の計画が打ち切られた筈であります。丁度その時日月潭の工事と一緒に予算が出た関係もあつたのですが、調査不十分であるから一年後にせうといふことになりまして、大正七年の四月から又此の調査を引き続き始めたのであります」（原文通り）

與一は帰台後、いつもの通り監察掛でデスクワークの仕事を始めたが、この時の大きな仕事といえば、前出の阿部が語っている嘉南大圳の予算書作りであった。また、嘉南大圳の計画については、先述した矢内原が「帝国主義下の台湾」の中で「この事業は大正六年総督府が官営の考えを以て計画を始めたものであるがそのきわめて大工事なるにより予算の関係上大正九年に公共埤圳組合を設立してこれに当たらしめ……」た、と論じているように、総督府の一大プロジェクトであった。しかし、予算書の積算は膨大なもので、時を同じくして日月潭の工事計画の方が先行したために、與一は嘉南大圳の予算書作りから離れて、当面は日月潭に関わることになる。では、その日月潭計画とはどのようなものであったのか。

「潭」とは漢和辞典によれば「水が深くよどむ所」と解かれている。要するに湖を意味する言葉なのだろう。また、日、月は漢字の通りで太陽と月を意味しており、日月潭とは太陽と月の形をした湖ということになる。場所は台湾のほぼ中央にある。縦貫線の西部幹線山線の二水から台湾最長の河川・濁水渓に沿って分岐するローカル線の集集線の終点「車埕」駅が最寄り駅で、そこからバスでおよそ四〇分登った海抜七四八メートルの高地にあった。湖周二四キロ、水深三〇メートルの天然湖で、現在も台湾の代表的な観光名所になっている。與一たちのグループが関わった事業は、この湖に水力発電所を建設するというもので、計画は明石総督の時代に「日月潭水力電気事業計画」として具体化していた。

また、この計画の骨子は、後藤新平が満鉄総裁に就任するときに設立委員会に出した「満鉄総裁就職情由書」の中で述べられている。

「台湾全体に二十三カ所の水源地を作り、一億五千万円かければ、七万馬力の電力が得られる。これによつて、従来の蒸気による動力を電気に切り替へると、電気分析工場が建てられるから製造業が盛んになる。また水源開発は灌漑の便ももたらすから農産物を増やすこともできる。まず手始めに二、三カ所に水力電気事業を起こすとして、四、五年の間に砂糖で三千五百万円、米で二千万円、そのほか製塩、製薬の生産高を加へると、一年に七千万円から、一億円の収入が得られる」

というもので、電力事業が産業の振興と農産物をはじめ各種製造業の増産に役立ち、ひいては総督府の税収にも結びつくことを「電力事業」に求めたわけである。電気分析工場と古めかしい言葉を使っているが、それは発電所から送電される電気の電圧をコントロールする「変電所」を意味していた。

また、三〇〇〇キロワットの発電所が建設され送電が始まったのは一九〇二年（明治三十五）八月で、台北で最初の電灯が点ったのは三年後の六月であった。そして、日本内地では一九一一年に大阪電灯会社が当時、東洋一といわれた宇治川発電所を完成させている。しかし、東洋一の発電所といっても出力は一万五〇〇〇キロワットに過ぎなかった。

第四章　東洋一のダム計画

ダム計画の全体像

烏山頭ダムが完成した翌年の一九三一年（昭和六）に嘉南大圳組合が編纂した「嘉南大圳新設事業概要」という本が、與一の長男・晃夫の手元に保存されていた。六五年を経ているが造本はしっかりしており、紙魚《しみ》もあまりなく晃夫の愛着がしのばれる。

本文はダムの企画から工事完了までの工程を詳細に記述した内容で、これ一冊でダムの全体像が分かるという貴重な記録である。

まずは、この工事がいかに巨大なものなのか、計画の主要部分を記してみる。

「水源を曾文渓及び濁水渓に求むる計画にして曾文渓の引用は臺南廳六甲支廳下官田渓を締切りて五十五億立方尺の水量を貯へ得べき一大貯水池を築造し最大流量一千八百立方秒尺延長一里餘の隧道及暗渠に依りて烏山嶺を貫き曾文渓の上流より渓水を導きて……（後略）」（原文片仮名。以下同様）

さらに、ダムの規模について記録した部分があるので、同じように原文のまま紹介してみる。

宮田渓貯水池

1・満水面積　一億一千万平方尺（約六〇〇〇ヘクタール）

2・最大貯水量　五十五億立方尺（約一億九八〇〇万立方メートル）

3・堰堤盛土の高さ　百七〇尺（五一メートル）

4・堰堤附近水深　百四二尺（四七メートル）

5・堰堤頂部延長　七百五〇間（一・三五キロメートル）

6・堰堤盛土坪数　九十万立方尺（二九七万立方メートル）

その他、給排水路の数字も載っているが、ここではダム本体と隧道の数字だけにとどめておく。数字を見ただけでも、この灌漑用ダムを建設するのに、いかに膨大な資材と予算が注ぎ込まれたかが十分理解できる。

本堤に関する数字では別項の本文に「頂部幅三十尺、底部幅一千尺」と、ダムの基底部とトップ・ヒルについて書いた箇所がある。簡単に言えば、烏山頭ダムは九〇万坪の台型の箱を土と砂と玉石を突き固めて造っていくというものであった。

そして、頂部幅が九メートルで台型の底の幅が三三・三メートル。また、ダム湖へ曽文渓の水を引くために烏山嶺を掘り抜く。そのトンネルの延長が約四キロあり、最大流量は一秒間に一八〇〇立方尺ということで、毎秒五〇トンの水を飲み込める設計なのである。

では、八田與一が日月潭の水力発電所建設計画の工事見積もりを終えて、嘉南大圳の設計に着手するまで総督府の対応はどのようなものであったのか。

まず予算とダム本体を構築する場所の選定であった。前掲の事業概要には総督府の意気ごみが次のように記されている。

「嘉義臺南に亙る一帯の水源、由来水利の便もっとも乏しき地方として目され、其の大部分は農作物の植付及成育中の用水は全然降雨に依るの他なく、原始的工作に甘んじ収穫きわめて不安定なる所謂看天田多く、排水また不良にして徒つぱらに地力の減退に放任する。総督府にありては、是實に南部臺灣に於ける産業政策上もつとも重要なる問題とし、累々実地調査を行ひ種々研究の結果、大正六年に至り官田渓及曾文渓の流域に於て各一大貯水地築造の可能なることを発見し、之を水源として灌漑に供すると同時に排水設備を施し、七万五千甲歩の土地に水利を充足し得べく……（後略）」（原文通り）

嘉南平野の水利が未開発なため農業生産も少なく、なおかつ農業技術が原始的なことを総督府は認識している。しかし、水利施設を構築することによって、この地域が台湾の穀倉地帯になることに着目したのである。そのため、一九一七年（大正六）には実施調査も成してダム建設を具体的に進めることになった。

しかし予算があまりに巨額なため、内地の政府補助がなければ成立しないので、実際に予算が付いて工事認可が下りるのは半年後になる。そして予算成立までの紆余曲折を前掲書は書いている。

「政府は相当の補助を与へて之を助長し、実行上遺憾なからしむべく厳重監督を行なふを以て得策と認め、該方針に依り実行計画を樹て、補助金は之を大正九年度より六箇年間に分割交付すべく府議を決定し、国庫予算に計上第四十二帝国議会に提出せられたるも、議会解散の為、更に追加豫算として大正九年七月臨時議会に提出、通過成立を見るに至りたるを以て……（後略）」

まず、予算案が成立しなかったのである。一九一七年一月二十五日に開催中の第四十二帝国議会で憲政、国民両党が内閣不信任を議会に提出し、衆議院が解散されたために予算審議がストップしてしまったという経緯があった。しかし、半年後に開かれた臨時議会に予算案が提出され、可決したため一二〇〇万円の政府予算が付いたのである。また、議会が解散されたのはシベリア派兵や米騒動、各地で起きた労働争議の解決など、内政上重大な問題を抱えていたためであった。

そして半年後に決まった予算では五カ年継続事業として総額四二〇〇万円を支出。そのうち、国庫補助は一二〇〇万円で残りの三〇〇〇万円は利害関係人が負担することになった。しかし、最終的に建設事業は一〇カ年に及ぶことになり、灌漑面積も修正されて七万五〇〇〇甲歩から倍の一五万甲歩に広がり、総事業費も五〇〇〇万円を超えることになった。

ところで、米騒動で暴騰した一九二〇年（大正九）の四二〇〇万円とは、白米一升の値段が六〇銭の時代であったから白米四二万トンに相当する。今日の自主流通米で換算すると六〇キロ三万円として七〇〇〇倍になるわけで、金額は二一〇〇億円とはじき出せる。

だが、米価換算では計算できない付加価値があるわけで、たとえば一九二七年（昭和二）度の台湾総督府の歳出予算総額一億一二〇〇万円と比べてみても、総予算がいかに巨額であったのかが分かるというもの。また、ダム建設費の年間予算八四〇〇万円という数字は、新総督府の建築費が五カ年継続事業で二六七万円というのに比べても、そのスケールがいかに大きなものであったか理解できるであろう。

工事は予算が付いた一九二〇年九月から始まるが、その時代の総督は明石元二郎から初代文官総督の田健治郎に交代し、民生長官も賀来佐賀太郎に代わっていた。そして、ダム建設のために設立された公共埤圳官田渓組合が総督府から正式に認可されると、與一は総督府の土木技師をいったん退職して組合技師に任命された。また、組合の仮事務所は総督府内にあったが、與一は組合本部が嘉義市に完成すると翌年家族とともに嘉義に移転することになる。その間、與一ら技術者は嘉南大圳の設計と工事予算の見積もりを出すための徹夜作業が続いていた。

しかしながら、與一らが前の仕事で携わっていた日月潭の発電所計画は、その後、電力事業が総督府令によって台湾電力会社に移管され、発電計画も大幅に拡大された。しかし、途中で工事が二回中断されたこともあり、一〇万キロワットを計画した発電所が完成するのは一九三四年（昭和九）三月であった。

工事の概要

では、官田渓を締め切って築造する長さ一・三五キロの本堤はどのような構造で設計されたものであったのか。この工事、いわば全体の核になる主要な工事なので、少し長いが前掲の工事概要から引用してみる。

「本堰堤は一種の土堰堤なれども其の構造は従来本邦各地に於て行なはれつつあるそれと著しく其の趣を

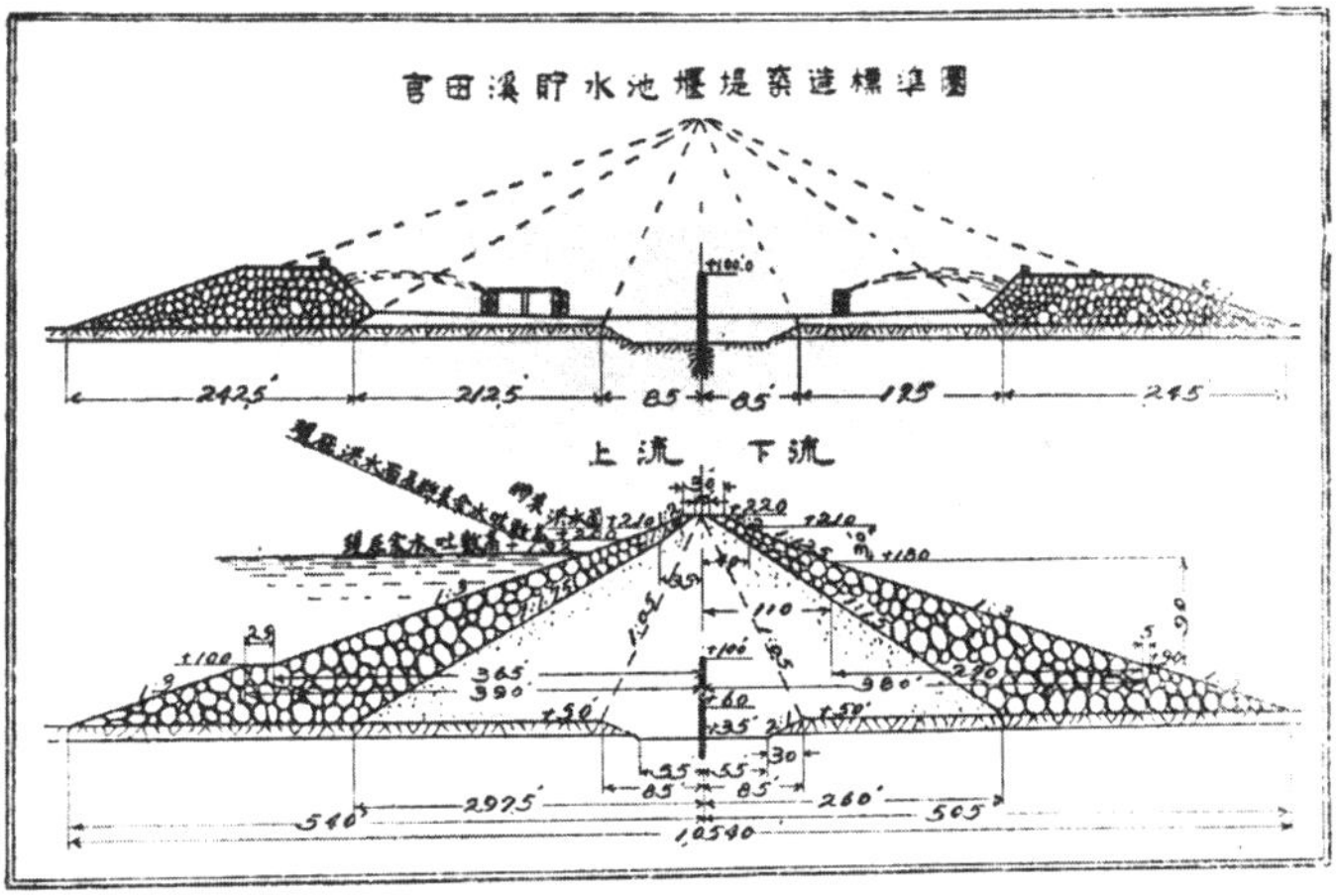

與一が設計した堰堤の断面図

異にし我が国最初の試みなるセミハイドロリックフィル・ダムにして之が築堤に当りては先ず堰堤敷地上の第四紀層を第三紀新層（海抜三十五尺）まで切り取り底部中心に平均高十二尺頂部幅三尺底部幅五尺根入十五尺乃至九十三尺の中心混凝土（注・コンクリート）を施し中心混凝土外側底部には参透水を排除し堰堤の露水を防止するため総延長三百八十間の排水暗渠幹線及びこれに分岐する総延長二百三十五間の排水暗渠支線を設くると共に堰堤内部に沈殿せる粘土の壓力測定及び標本採取の便に供するため中心混凝土上適所に高さ百六十尺乃至百八十尺（標高二百二十尺）内徑五尺上部側厚一尺下部側厚二尺八角形鐵筋混凝土造マンホール六箇所設け……（後略）」

句読点のない旧仮名づかいの文章なので読みづらいが、ここで記録者はフィル・ダムの技法がわが国で初めて採用する「セミ・ハイドロリック・フィル」工法であることと、このダムは土石で固めて築造する堰堤のため、土圧を常に測定して堰堤の沈下をチェックする安全対策も万全なのだ、と言いたかったのである。

なお、本邦初のセミ・ハイドロリック・フィル工法とは「半水締工法」のことで、それまで日本ではほとんど採用されることはなかった。しかし、当時の技術先進国アメリカでは大規模ダムがこの工法で築造されていた。簡単に言えば、フィル・ダムの築造は堰堤材に土石を用い水圧で材料を固めていくわけだが、そのときに粒度の細かい材料は堰堤の内側に沈殿し、荒い材料は外側に沈殿する。そして、大量の水は堰堤内に仕込まれた送水管で堤外に排水するという工法であった。セミ・ハイドロリック・フィルの工程には水締工法を用いるが、堰堤材料の運搬には機関車やベルトコンベアーを用い、また整地にはスプレッターカーやスチームショベル等の機械力を採用するものであった。

しかし、この工事は日本内地でも実用化されたことがまだなく、工法や理論値についても未知の分野であった。だが、前例のない工事とはいえ、設計屋の與一にしてみればプランナーとして、また実質的な最高管理者として不眠不休で実用性の証明をしなければならなかった。

そして與一が計画した工程管理はまず、烏山頭ダムに水を貯めるための導水工事として曽文渓導水路と濁水渓導水路の工事を平行して進め、次いで堰堤本体の工事にかかり、最後に水田に水をまんべんなく導水するための給排水路を建設するという、四工程に分けたものであった。

鍬入れ式は九月一日である。だが、即、本工事に着手したわけではない。まず、堰堤本体を築造する官田渓付近の測量から始まり、原生林の伐採、予定地の整地、そして資材運搬に必要な取り付け道路の工事など、予備工事が目白押しであった。

ちなみに「半水締工法」に似た工法で、コアに粘土の壁を築きコアの周りを土で固めた「心壁式アースダム」が内地で完成したのは一九三四年八月である。埼玉県所沢市に造られ、都民の水ガメとなっている狭山湖で、その規模は貯水量一九五二万《トン》、堤高三五《メートル》、堤長六九一《メートル》である。

大倉組

当時、台湾最大の土木工事であった烏山頭ダムの建設には、台湾に進出していた日本内地の大倉組や清水組、藤田組、鹿島組などの民間企業が入札に参加し、なかでも実績のある大倉組が主体工事を主に落札している。

ちなみに大倉組は創業者喜八郎のキャラクターと商才で躍進した会社である。台湾との関係は領有以前にまで遡り、征台した西郷軍の軍需物資の運搬を手掛けたことから総督府と結びつき、業績を飛躍的に伸ばした。主な仕事だけでも、縦貫鉄道の建設、港湾改修、総督府の関連建物、台湾帝国大学、台湾銀行、日月潭発電所、台湾製糖の工場建設などを手がけ、台北の支店開設は三井物産や三菱商事よりも早かった。なお、前身の合名会社大倉土木組は日清講和条約が結ばれた直後に進出していた。

また、後年、大倉組は大成建設と社名を変更するが、日本内地での工事受注も喜八郎が「政商」の力をいかんなく発揮して、とくに、官庁の工事高は常に業界トップの座を維持していた。その理由は何といっても台湾進出で明治政府の信用を得たことである。その後の大成建設の「官庁工事に強い」という礎になったわけである。

それと、今日でも東京には、大倉組が造った大蔵省庁舎や大倉集古館、東京経済大学の建物が残っており、なかでも極めつけの建物といえば、戦前司法省と呼ばれ現在、夜間になるとライトアップされて見事なレンガの建築美を観せてくれる法務省旧館だろう。

ところで、與一が台北から嘉義の組合本部に転勤したのは予算が成立した翌年の二一年であった。これまで與一のプロジェクトを強力に支援してくれた下村宏民生長官は、賀来佐賀太郎長官と交代して台湾を離れていた。しかし、下村と與一の間に次のようなエピソードが残されている。

與一が山形内務局長を通じてダムの設計図を下村に見せたとき、下村はダムの複雑な湖面を繁々と眺め「これはまるで根を張った珊瑚のようではないか。官田渓なんて素っ気ない地名よりダムの名称は『珊瑚潭』がピッタリする」と、笑いながら與一に告げたという。

今日、烏山頭ダムの別名は珊瑚潭と呼ばれているが、命名者が下村宏であったとは意外である。たしかに、嘉南大圳の平面図に描かれた官田渓貯水池の形は珊瑚をイメージする書き込みになっている。しかしこの話はあくまでエピソードであって、果たして下村がそのようなことを口にしたのかどうかは残念ながら証拠立てるものは何も残っていない。

考えようによっては、このエピソード、民生長官の下村宏と総督府技師八田與一の二人が身分、階級を越えてダム造りに入れ込んでいる姿を喧伝するためにつくられたものといえなくもない。とはいえ、「珊瑚潭」の呼び名は現実に台湾人の口で語られていることも、また確かな事実である。

ダム工事の名残を求めて

與一が台北から嘉南村の組合本部に転居したのは結婚四年目で、その間に長女の正子と長男の晃夫が台北の官舎で生まれており、総督府を辞めて組合技師に任命されたのが一九二〇年（大正九）八月であった。そして翌二一年六月には名称が変わった公共埤圳嘉南大圳組合の工事部を担当する監督課長兼工事課長に任命されるが、その時は三十五歳という油の乗り切った中堅技師になっていた。

渡台一一年目で「八田屋のよいっつあん」は、台湾最大の土木工事を実質的に仕切る最高責任者になったのである。また、私生活の面でも八田家はおめでた続きで、二二年には二女の綾子も誕生し、家族は五人とにぎやかな嘉南での毎日が続いた。

では、工事の方はどんな進捗状態であったのか。まず、最初に工事が始まったのは資材を現場に運び入れるための道路建設と鉄道工事であった。とくに、大型土木機械や工事用の膨大な土砂、それに作業員を輸送するための鉄道建設は急務であった。輸送ターミナルになる地元の官田郷と烏山頭までの間、それと縦貫鉄道の番子田駅からの引き込み線を官田まで敷設する、延べ一二キロの鉄道はメインルートになるため、昼夜兼行の工事が続いていた。

当時の番子田駅は現在、山線と呼ばれる西部幹線の隆田駅に駅名が変わっている。急行が日に五本停まる、新興住宅地になっていた。

現隆田駅に遺る当時の倉庫

筆者は前述の農田水利会の顧問をやっている徐に案内してもらい、この街を訪ねた。目的は半世紀以上も前に建設された引き込み線の跡を訪ねることにあった。しかし、予想していた通り、線路跡やダムを建設するために必要とした資材集積場の建物など、当時を物語るものはなにも遺っていなかった。それは当然であろう。なにしろ七六年前の遺跡を探そうというのである。当時の地図を参考にしても表駅の地形はまったく変わってしまい、表駅周辺は民家や商店が櫛比《しっぴ》し、七六年前の痕跡はそれこそなに一つ見出すことができなかった。だが、裏駅に回ると線路に沿って大谷石とスレート瓦でつくられた戦前の倉庫が二棟遺っていた。この倉庫、現在も水利会が物品の保管庫として使っているという。それに、戦後間もなくしてこの倉庫の中で與一のブロンズ像が発見されたそうだが、今日に至るも誰が隠したのか不明だという。そして、そのへんの事情を徐は推理する。

「戦前隠したものなら日本軍の金属供出命令に反しての隠匿なので軍部に睨まれた。戦後なら日本人の銅像を隠すなどとんでもないと、蒋介石の官憲に逮捕される。それで、名乗りをあげる機会がなかった」

徐の推理、なかなか現実的な解説である。

次いで倉庫見学の後、徐は駅や役場を一緒に回ってくれ、手掛かりの一つも探そうと奮闘してくれた。しかし、引き込み線に関する情報は何一つ得ることはできなかった。だが、徐は何気ない顔をして私に説明する。

烏山頭に延びる元御成街道

「まあ、古いことですから仕方ないでしょ。鉄道跡を探すとしたら官田郷に行ってみましょうか。たしか、線路跡が一キロくらい道路になって遺っているとこがあったと思いますが……」

なぜそのことを早く言ってくれなかったのかと、筆者はそのとき腹が立って徐を詰問してしまった。しかし、本人はいたって真面目な顔つきで、

「ここが駄目なら、ほかの場所でもいいでしょう。線路跡があればね……」

と、のんびりした答えが返ってきた。それで、無駄足になっても、まあいいかと、徐の案内で、その場所へ行ってみることにした。

そこは隆田駅から東の方角にあたり、烏山頭ダムからは北西八キロほどの所で嘉南鎮の管轄。簡易舗装されており、線路跡だったという通り、たしかに直線で見通しのいい所であった。後

の昭和天皇になる摂政宮が行啓したことから御成街道と呼ばれていたという。御成街道は摂政宮が台湾訪問の際に烏山頭ダムの建設現場を見学するために台南州庁がわざわざ造った道路で、今日、二車線に拡幅され、車の往来も激しく、地方幹線の一つに指定されている。

徐が案内してくれた場所は、石子瀬から東に二キロばかり行った御成街道と東西に結ばれた幅員五メートルほどの簡易舗装の道が一キロほど延びていた。

徐に、この場所がかつての線路跡と説明されると、地形的にも土盛りされた景観はなんとなく線路跡に見えてきて、往時、蒸気機関車に牽引された有蓋、無蓋の貨車がひっきりなしに往来していたことが想像できるのである。そして、周辺に目を凝らしてみると整然と区画された田んぼの脇を無数のコンクリート製の給水路が造られていることに気づく。

この給水路こそ與一が「三年輪作給水法」を実現するために精魂込めて設計した分線路の一部で、六〇年を経たコンクリートはひび割れたり欠けたりする個所がだいぶ目立つ。それでも現在、立派に実用に供されていた。徐はここでも八田與一の業績を熱っぽく語り、また、この先の官田郷にも当時の官舎が現存していることを教えてくれた。

宿舎跡

徐の案内で、さらに曽文渓管理事務所の取材も進める。理由は、そこには当時、現場で働いていた八十

曽文渓の取水口

與一ら幹部の甲号宿舎の跡

烏山頭に造られた宿舎のコンクリート塀

八歳（一九九六年当時）になる人物がいるという。李新福といい、今も健在で、水利会の嘱託として働いているという。何やら興味が湧いてくる人物である。

官田郷。烏山頭地区の嘉南村の中心になる純農村地帯である。今回訪ねたのは雨期の五月だったにもかかわらず、村の土地はどこもかしこも乾ききっており、水田は休耕田が大半で、代わりにトマトやスイカが植えられていた。目指す宿舎跡は村道から分け入った一角にあった。一帯はダム工事のために日本人職員用に造られた住宅地で、その中に、コンクリートの門柱が建つ瓦屋根の平家が一棟、煉瓦塀に囲まれた敷地の中に廃屋となって打ち捨てられていた。長屋式ではないこの建物は幹部職員用の宿舎であったという。

当時の烏山頭の宿舎概略図を見ると、作業員用の長屋から準幹部用宿舎、そして幹部技術者の宿舎と広さは違っている。なかでも八田、蔵成、阿部の三人の宿舎には門柱があり、敷地がもっとも広くなっている。恐らく六十数年のちに訪ねたこの廃屋はかつて、三人の誰かが住んでいた建物なのであろう。当時は甲号宿舎と呼んでいた。

また、宿舎概略図にはその他、商店、市場、野球場、プール、テニスコート、弓場、銭湯、隔離病棟、子弟のための小学校までが書き込まれており、ダムを築造するために無人だった荒れ地の烏山頭に、組合は一つの街を造ったのである。徐に概略図を見せると、初めて見るものだという。彼は熱心に図を見つめ、ひとしきり感心すると、改めて廃屋に見入っていた。

この廃屋は、現在、農田水利会の所有になっており、数年前まで水利会の関係者が住んでいたという。時代を経た日本時代の建物を壊すことなく今日まで保存使用してきたのは、水利会の住宅事情もあろうが、戦前の関係者が見るなら感慨と追憶を与えずにはおかない廃屋の印象であった。

一刻、ガジュマルの木陰で休むと次に案内されたのが烏山頭ダムの記念館であった。展示物は写真パネルと当時の雑誌や新聞記事が大半であるが、展示物の解説を読んで館内を一巡するとダムの歴史が分かるようになっていた。写真で目を引くのが何といってもダムの建設現場のダイナミックな写真で、見ていると槌音さえ聞こえてきそうな迫力があった。

烏山嶺隧道

写真の中に、今回の取材で訪れることになっている曽文渓の烏山嶺隧道《すいどう》工事の現場写真も展示されており、解説には「全長三千百七メートル《メートル》の隧道工事

下潮止崙自動排水門

は最難関工事で、犠牲者がもっとも多く出た」とあり、モノクロのセピア色に変色したその写真が難工事の様子をリアルに伝えている。確かにこの工事、臍ともいえる場所にトンネルを掘る工事で、少々のことでは物に動じなかった八田與一も犠牲者の多さにさすがに参ってしまい、一時は工事を断念するかという場面もあったという。難工事の様子を部下の阿部が前掲の「水明かり」で語っているので引用してみる。

「工事中の苦心については二つ考へております。嘉南大圳の仕事の中で一番心を遣つたものは何と云つても、日本にも無い東洋にも無い、いまだにああ云ふ大きな堰堤は無いと言われて居りますものを土木学的に造られて居ります。之に一番心を遣かはれたやうです。

仕事をやって行く順序からして一番最初八田さんが心配されたのはあの排水隧道（注・烏山嶺隧道）でありますが、大きさが直径二十八尺五寸（注・八メートル五五センチ）と思つておりますが、その当時に於て二十八尺五寸の直径をもつトンネルは日本にはなかった。その時着手しておりましたのが、現在東海道線の熱海の丹那トンネルで、それが丁度二十八尺でありまして、嘉南大圳の方がそれよりも大きいのです。それを如何にして仕上げるかと云ふことに非常に心配されて……地質そのもの或はトンネルとしての高さと云ふ事から、どう云ふ方法でやつたら良いかと云ふ事に非常に苦心された」

シールド工法

また阿部は工法についても後段で語っている。いずれにしろ烏山嶺隧道《すいどう》の工事は当時の日本内地でもいまだ実現したことのない巨大トンネル工事だった。どのような工法で掘削していくのか、與一が目をつけたのが一九一九年（大正八）に地質調査を終えた関門トンネルであった。これはシールド工法の採用を決定していた。

しかし、シールド工法について與一は、工法の理論は分かっていても、実際の掘削現場を見学したこともなければ試験掘りの経験もなかった。それでもあえてシールド工法に挑戦したのは、技術者としての信念であった。しかし現実は厳しく、後にアメリカ出張で訪問したシールド工法の専門会社の技師からは否定的な意見を聞かされることになる。また、この工事を担当したのは大倉組土木部だが、大倉組にしてもこの工事は初めての経験であった。

では、烏山嶺隧道とほぼ同じ直径をもつ丹那トンネルはどのような工事計画で始められたものなのか、シールド工法について検証してみる。現在も東海道本線で使用している全長七・八〇四キロの丹那トンネルは、旧東海道本線の箱根越えの難所のバイパスとして、烏山嶺隧道が起工される四年前の一九一八年（大正七）に着工し、一六年の歳月と六七人の犠牲者を出して一九三四年（昭和九）十二月一日に開通している。また、シールド工法で本格的に掘削工事が成功したのは丹那トンネルが嚆矢《こうし》で、その後関門トンネルの工事でも採用され長大トンネルの工法として定着していくことになる。

シールド工法とは軟弱な地盤にトンネルを掘り抜く工法で、まずトンネル断面に合わせた鉄製の円筒を掘削の先頭部分に押しつけ、円筒の先端でドリルなどを使って掘削して行く。掘削が進むと円筒を水圧、あるいは油圧ジャッキで前進させ、掘り抜いた部分はコンクリートを巻いてトンネル断面を覆工するという工法だが、最大の難関は土圧と湧水であった。また、この工事では土圧を支える支保坑に膨大な松材が使用され、湧水を排水するための水抜き坑を無数に穿つなど、最新の工法とはいえ地質の悪さから完成まで一六年の時間がかかっていた。

そして、犠牲者の多くはトンネルの崩壊による生き埋め事故と地下水の湧水による水死事故によるもので、一時は掘削中止も検討されたほどの難工事であった。ちなみにこの工事の予算は、当初八〇〇万円であったが、工期が三倍に延び、予算も最終的には三倍以上の二六七三万円に膨らみ、動員された労働者も延べ二五〇万人と、当時のトンネル工事としてはなにもかも記録ずくめの大工事であった。

與一は全長三一〇七メートルの烏山嶺隧道の工事を仕上げるのに、シールド工法に拘泥していた。しかし、部下の内地出張で報告を受けた丹那トンネルの現況と関門トンネルの計画が、烏山嶺でシールド工法を使うことが難しい状況にあることを告げていた。だが、與一の頭からはシールド工法が離れず、最終的に断念するのは帰国後であった。

とはいえ、工事は一九二二年（大正十一）六月起工、一九二六年（大正十五）三月竣工という予定が組まれている関係もあり、烏山嶺隧道の工事は與一の渡米後の六月八日に着工した。まず、排水用隧道の開削と試掘坑の掘削であった。大倉組土木部の現場責任者であった藤江醍三郎はオープンカット法について語っている。

「初めオープンにして埋め戻しをするといふ仕事をお受けしまして二十八尺五寸ですが、その仕事にかかったのです。それにライニングが二尺、コンクリート巻きが二尺、壁堤が四尺で、計八尺でありまして、三十六尺といふものを掘らなければならない。それで会社のものとも相談しまして兎に角これは試坑を三本掘るより仕方がないと云うので一番先に上の方を掘って並んで両方の裾の方から右、左に行って之を固めて置いて後を結びつけていくといふ工法で進んだのでした」

トンネルは両端から掘り進んだわけで、三本の試験坑を穿ち、一本の厚さは内側のライニングが六〇センチで、その上をコンクリートで六〇センチ巻き、さらに外側を一・二メートルの壁が補強材としてトンネルを保護するという構造になっていた。それに、本坑の直径が八・五五メートルあり、一本の試坑の断面が二・四メートルなので、約一一メートルの断面をもつトンネルを掘ることから工事が始まったのである。全長は丹那トンネルの半分にも及ばない長さであった。しかし、トンネル断面はいまだかつて日本の技術で掘削した例はなく、技術的には全く未知の分野への挑戦であったわけだ。

工事を落札した大倉組土木部では藤江が語っているように本坑を掘る前に曽文渓の水を引き込むため、オープンカット方式で取水隧道、出口暗渠、そして出口開渠の三本の直径五・四メートル、幅五・四メートルの馬蹄型のトンネルを両端から掘りはじめた。また、掘削に使う鑿岩《さくがん》機には本邦初の、圧搾空気を動力に使用する米国サリバン社製の最新式のものを二台調達し、現場に投入していた。

第五章　ダム先進国・アメリカへ

アメリカ出張

大正時代のダム先進国といえばアメリカで、当時のフィル・ダムに関する技術とシールド工法によるトンネル工事については先端技術を有していた。そして、土堰堤で築堤していくフィル・ダムに欠かせない理論もテクノロジーの面でももっとも進んでおり、築堤例も豊富にもっていた。それに、なんといっても世界の土木界を牽引していく学者や技術者の層が厚く、さらに土木界でもっとも信頼されていた先述の土木学会誌を発行していたのもアメリカだった。

ところで、フィル・ダムの設計でもっとも重要な理論といえば構造力学と土質力学だが、とくに土圧問題を理論的に解決したのがフランス人のオーガスト・クーロンであった。また、クーロンは「材料の摩擦と粘性」に注目して土圧理論を確立し、フィル・ダムの設計にはなくてはならない構造式を組み立てたのである。当然、與一も「クーロンの土圧理論」は、熟知していたであろう。なにしろ、フィル・ダムの系譜に入るハイドロリック・ダムを設計するには、バイブルといわれる手引書なのである。果たして、渡米した與一はダム先進国でクーロンの土圧理論を改めて学ぼうとしたのか。それとも、単にカルチャーショックを受けたのだろうか。

一九二三年（大正十二）三月四日。與一は同僚の蔵成信一技師と部下の白木原民次技師を伴ってアメリカへ出張した。コースは台湾から北米への船便がないため、まず高雄から大阪商船の高雄丸でいったん上海に向かい、上海からはイギリスのキュナード汽船に乗船しての渡米であった。最初の目的地はニューヨーク州のオルバニー市にあるアメリカ土木学会で、上陸地はサンフランシスコである。当時の太平洋横断航路は二週間を要していた。

與一らの渡米目的はいうまでもなく、シールド工法の情報の入手と実地に現場を見学すること。それと各種土木機械購入の交渉であった。蔵成を同行したのは機械掛長の職にある蔵成に、専門家の目で機材の選定をさせるためであった。とはいえ、蔵成にしても、烏山頭ダムで使用を予定している大型土木機械など目にするのは初めてで、スペックや操作方法などまったく未知のことばかりであった。

ところで、先にも触れたようにこの時代、日本内地でシールド工法によるトンネル工事が進んでいたのは丹那トンネルと、規模の小さい羽越線の単線用の「折渡りトンネル」だけであった。また、ダム工事にしても堰堤本体が烏山頭ダム並みのスケールをもった工事は着工されていなかった。コンクリートダムでも一九二三年に完成した堤高二八メートルの鳥取市の水道用ダムと、同じく翌年に完成した福岡市の堰堤三五・二メートルの曲淵ダムくらいのものであった。その後日本内地で堤高が烏山頭ダムの五一メートルを越えたのは一九二四年に完成した、木曾川をせき止めて築造した大井ダムの五三・四メートルで、技術指導にはアメリカから四人の技師が招聘されていた。

ダム技術はこの時代、まだまだ日本は欧米に比べて後進国で、與一らがアメリカをはじめとしてカナダ、メキシコに出張したのは技術者として当然のことであった。それと、今回のアメリカ出張は烏山頭ダムの工事を機械式工法で進めていくために、大量・多機種の土木機械が必要なため、その機材の買い付けも重要な仕事になっていた。例えば、日本内地ではまだ使ったことのない土砂を積み上げるためのエアーダンプカー、それと掘削に使うスチームショベル、あるいは残土を処理するズラグラインショベル、また土砂を転圧するスプレッターカーなど、與一らが名前も聞いたことがない最新式の土木機械も買い付けのリストに入っていた。

それと、ダム堰堤の内側から高圧の水を射水するための強力なジャイアントポンプも購入リストに入っていた。なにしろこのジャイアントポンプは築堤の要になる水圧ポンプなのである。長さが一・三五キロもある堰堤の構造は三層になっていて、外郭は直径二〇～三〇センチの石を積み上げ、二層はグリ石で固め、三層目が砂利と直径二、三ミリの砂、そしてコアの部分を粘土で固めるという構造であった。そのため、ジャイアントポンプは必需品で、水圧による均等な射水で外郭の石は残るが、軽い砂利や砂は水圧で押し流される。そして肝心のコアの部分には粘土が沈殿して固まり、最後はその粘土がコンクリートにも勝る粘土羽金層を形成するという、石と砂利と粘土で造られるセミ・ハイドロリック・フィル・ダムなのである。

これだけの工事を当初は五年という短期間で完成させる予定でいたため、設計段階で機械力を駆使することは決定していた。そのため、機械の購入総額は工事費の四分の一に当たる四〇〇万円という巨額の予算を組んだのである。

アメリカ土木学会

サンフランシスコに三月四日の午前中に上陸した一行はその夜、ニューヨークのペンステーションまでの三泊四日を大陸横断鉄道で過ごすため、ユニオンステーションに向かった。西から東に三六〇〇キロ、ユニオン鉄道の大陸横断特急の乗客になった三人はどんな気持ちで車窓に流れる広大な北米大陸を眺めていたのだろうか。

ニューヨーク州の州都オルバニー市。アメリカ人はボストンを「心のふるさと」と呼ぶように、オルバニーを「伝統のアメリカ」と呼んで親しんでいる。與一らはマンハッタンのグランドセントラル駅からハドソン川沿いに二四〇キロ北上し、オルバニーに到着した。アメリカ土木学会は州議会の近くにあった。ギリシャ神殿風に造られた学会の建物を訪ねた與一が、後に〝工法〟について台湾で技術論争をすることになるジョエル・D・ジャスティンと面会したかどうかは定かではないが、当時、ジャスティンといえばアメリカ土木界ではハイドロリック・フィル・ダムの権威者として知られていた。

また、ジャスティンは、與一らが渡米した年に学会誌にフィル・ダムに関する論文を発表している。はたして、與一はこのジャスティン論文を読んだのだろうか。一九二一年一月号（通巻八五号）に掲載された論文の要旨は、ハイドロリック・フィル・ダムの築堤に関するテクノロジーを述べたもので、実例としてアメリカ国内五カ所のダムを取り上げている。そして、論文には堰堤の写真と断面図が載っているが、それは與一が設計した烏山頭ダムの断面図とまったく同じで、與一はジャスティンのフィル・ダムの工法をどこからか資料として入手し、参考にして設計したのであろう。実例のダムは最小堤高が一一・九メートル、堤長三六〇メートル。最大は堤高三七・五メートル、堤長一・四一キロである。

学会では遠路、日本の植民地台湾から訪ねてきた技術者三人を大歓迎し、学者や同業のエンジニア、そしてダムの施工会社を紹介したという。なかでも、與一がもっとも関心をもって意見を聴取したのはシールド工法を担当しているエンジニアであった。それは、與一の構想では烏山嶺隧道はシールド一本で掘り抜く計画でいたため、それ故にエンジニアに対する質問も理論より、施工に関する技術論が大半であった。

だが、與一が相談した相手は、「経験がなければ内径八・五五メートルのトンネルなどとても掘れるものではない。強いてやるとするなら内径四・五メートルのものを二、三本掘ればよいではないか」と、サジェスチョンしたという。與一も技術者である。設計理論だけで物が造れるとは考えていない。それも、ベテランエンジニアの忌憚のない否定意見である。與一は実学に基づくこのエンジニアの意見を聞いて、シールド工法による隧道工事は無理と判断し、あっさりと諦めた。そのあたり、論理的に物事を検証でき、また自説に拘泥しない與一の性格が出ているエピソードである。

留守の間の工事

三人のアメリカ出張はこの調子で順調にスケジュールをこなし、多方面の関係者と交流を深めていくことになる。では、與一らがアメリカ出張に出発した後の烏山頭の現場はどうであったのか。

スタートしたのは、先述したように大倉組土木部による烏山嶺の排水隧道、暗渠、開渠の三本のオープンカットによる工事である。この隧道は、内径五・五メートルの馬蹄型で、周りをレンガで巻き上げたものである。設計上の飲み込み水量は毎秒五〇トン、流速二・一メートルというスケールであった。また曽文渓から取水した水はまず、この隧道を通り烏山頭ダムに流れ落ちる仕組みになっている。そして、隧道を通った水は高さ五・六メートル、長さ三〇〇メートルの上、中、下段に組まれた一本一八・七メートルの一六連コンクリート製巻き揚げ式水門に流れ込み、ついで三二メートルの開渠を通過、続いて九七メートルの暗渠を通り、さらに最難関工事になる三一〇七メートルの烏山嶺隧道に流れ、最後に三六〇メートルの開渠を通ると水は烏山頭ダムに流れ込むというコースになっていた。

要するに、曽文渓で取水した水は、全長三八九六メートルを暗渠、隧道、開渠を通って貯水されるというわけである。

筆者は徐に案内されて六七年前に完成した曽文渓の取水口を取材することになった。烏山頭からつづら折りの山道を二〇キロほど車で走ると途中、曽文水庫方面と書かれた標識が見えてきた。この曽文ダムは戦

洪水の水位記録

後のもので現在、台湾最大の貯水量を誇り、曽文渓取水口の上流八キロのところに造られている。

車の進行方向左が険しい曽文渓で、かなり上流まで遡上してきていた。三月は渇水期で、疎林に見え隠れする河原には一抱えも二抱えもありそうな鋭角の石がゴロゴロ転がっており、水はほとんど流れていない。徐の説明によると転がっている大石は雨期の時、上流から流されてきた石だそうで、雨期の濁流は川底から二〇メートルも増水してゴウゴウと山肌に反響し、その音を聞くと怖いほどだという。

川幅八〇メートルはあるだろうか、対岸に取水口の鉄製のゲートが見えてきた。まずは取水口の概況を知るために管理事務所に寄り、所長から話を聞く。そしてゲート付近を案内してもらう。まず最初は、曽文渓の増水が一〇〇年に一度の大水でも耐えられる設計になっていたという証拠の場所であった。そこは東口ゲートの真下にあるコンクリートの堰堤で、増水の記録が書き込まれていた。それは「三一・七メートル。昭和四年洪水面」とペンキで書かれている。時代は烏山嶺隧道が完成した一九二九年（昭和四）に氾濫した曽文渓の増水記録で、與一の設計は戦後の一九五九年（昭和三十四）にさらに七〇センチ増水した曽文渓の氾濫にも耐えたのである。

「どうです、この先に馬蹄型のトンネルが見えるでしょう。このゲートから取水した水は、あの隧道に引き込まれ、それから約四キロ先の烏山頭ダムに導水されるのです。そして、その間に、工事中に大量の犠牲者が出た烏山嶺隧道が造られているのです」

所長は五十代の人物である。なぜ、六〇余年も前のことを知っているのだろうか。所長は言う。

「父も水利会に勤めていて、もちろん日本時代ですよ。実際に工事現場で働いていました。そのときの体験を自分はよく父に聞かされたものです」

ところで徐が話していた李新福とは所長の父親で、今では烏頭山ダムや與一について語れる数少ない時代の証言者であった。

「八田という技師がどんな貢献をしたかといいますと、この人は一九一六、一七年に、烏山頭に派遣されて調査を行いました。調査してこの大きな工事を計画し、烏山頭から濁水渓以南のこんな大きな工事をですね、彼の指揮の下に四、五年以内に完成する予定でした。あの時代に計画したのですよ。今のように自動車も多くありませんでしたから、みんな自転車に乗るか歩いて工事現場に入ったものです。とにかく気宇壮大な、当時ではとてつもない大きな工事でした。それと、みんながいちばん驚いたのは、見たことも聞いたこともないバカでかい機械が工事の主役でした。ダムの周辺には鉄道が何本も引かれており、私なんかも現場では蒸気の機関車に引かれたエアーダンプカーに乗ったものです」

確かに李が証言するように、六六年前の台南の山奥で始まった機械化工事は驚異であった。なにしろ、スチームショベル一つとっても、ひとすくい二立方メートルといえば、人間ひとりが二時間かかって掘り出す土砂の量である。当時、同じスチームショベルを使っていたのは満州撫順の露天掘り炭鉱と日本内地では内務省土木局、それに大倉組が広島県の大竹海岸を埋め立て、山陽製鉄所を建設した際に導入したにすぎなかった。大成建設社史には「この土取り作業にビサイラスのスチーム・ショベルを輸入したが、この蒸気利用のショベルは当時最新式といわれたもので、なかなか貴重な機械であった。当時このようなスチーム・ショベルは内務省に一台と、その他に一台、それに大竹現場のそれと、日本にたった三台しかなかった。……その当時は土取り作業も近ごろのように機械掘削から、ダンプトラックと連続した一連作業ではなく、切り取った土を下り勾配を利用した木製トロッコで運搬するのが、せいぜい上手なやり方であった」。

簡潔に記述しているが、「その他に一台」とは、台湾も日本と解釈した、烏山頭ダムで使っていたスチームショベルであった。なお、烏山頭のメーカーは記録ではブサイラス社となっているが、表記の違いだけで大倉組のものと同一メーカーであった。しかし三台という勘定は記述の誤りで、撫順の一台を加えると当時、稼働していたスチームショベルは日本内地、台湾、満州で四台ということになる。それに、李の証言にもある鉄道施設はゲージ幅七六二ミリの軽便鉄道と一〇八〇ミリの狭軌を併用して敷設していた。線区は最盛期で一一路線総延長約五〇キロが敷かれ、一線区でもっとも長い区間は曽文渓線で一三キロもあった。ちなみに工事資材の運搬用として番子田—烏山頭間に敷かれた狭軌の番子田線は八・二キロの長さがあった。

三月の曽文渓は川底が露呈していた。取水口のゲートの堰堤からトンネルの導水坑を眺めても、水はそれこそチョロチョロといった流れが確認できるだけで、雨期のすさまじい奔流は想像することすらできな

烏山嶺取水口

かった。しかし、五〇〇メートルも離れた場所で導水坑を眺めてもそのスケールの大きさはよく分かり、山の斜面にポッカリと口を開けた導水坑は最大流速が秒速で二・一メートル、毎秒五〇トンの曽文渓の水を飲み込む設計だ。今日でも坑内の保守、点検がゆきわたっているということで、内部は崩れることもなく建設当時の状態で保全されているという。

所長や李の話を聞いているだけでも、與一の取り組んだ仕事のスケールが彷彿としてくる。そして取水口の現場を見学し、あらためて資料ではつかみ切れない巨大な工事の一端に触れた思いであった。

工事に使われた機材

與一ら三人がアメリカ出張中の間にも前出のように工事は昼夜兼行で続けられていた。また、與一ら三人も精力的にスケジュールをこなしていた。蔵成も機械買い付けのため交渉相手のウエスタン、ブサイラス、シーメンスシュッケルト、ヘンセルなど大手の会社を訪ね、実物の機械を見ては驚愕していた。また、実際の工事現場で使われている機械の稼働状況なども見学し、あらためて機械力のすごさを再認識したようである。それと、機械は滞米中に売買契約を終えた順から次々と台湾に送られていった。では、当時の日本製の機械はどの程度のものであったのだろうか。

「大きい主な機械は外国製でしたが、小さな機械は名古屋の汽車会社に注文して造らせました。その頃迄土木工事に、かふ云ふ風に機械を使ふ習慣ができて居なかつた。日本人としても始めての事でありませう。かふ云ふ大きい工事に、こんなに沢山の機械を使つたことは……。また、国産品も使ふというので買いましたが機械が比較になりませんでした。値段は高くて、同じ機械でもモーター一つにしてもお話にならない。ポンプにしても比較になりませんでしたよ」

このように八田與一を偲ぶ会の座談会で、機械について話しているのは技師の阿部貞壽である。当時の日本の専門メーカー、例えば機関車は汽車会社や日本車両があり、また発電機など重電関係では日立や芝浦、ポンプでは荏原製作所が製造していたが、機械の耐久性、そして精度はとても外国製に太刀打ちできる技術力はもっていなかった。機関車にしてももっとも大型の三軸ボギー五六トン車はドイツのヘンセル社製で、日本製は一三・五トンと一〇トンの二軸であった。そして、アメリカで調達した機械類は先述したように総額四〇〇万円で、この先、工事が終わった後も各地で有効活用されることになる。

収穫

滞米中の與一の最大の収穫は、なんといっても自らが設計したセミ・ハイドロリック・フィル工法によるダム築堤の完成度を確認できたことである。彼は、土木学会の学者や技術者と具体的な話をするための資料として設計図を相手の目の前で広げてみせ、自説を展開した。ディスカッションの相手は與一の熱のこもる論理の展開に目を見張ったという。與一の設計理論には実務者のエンジニアをうならせるだけの斬新なものがあった。そのアイデアとは堰堤の中心コンクリートコアと粘土の粒子がキーワードで、與一は烏山頭周辺の地質と土壌の調査を綿密にやっていたのである。

また、現地で見学したハイドロリック・フィル・ダムは十指に余ったが、なかでもジャスティンが設計した堤高七八フィート、堤長六四〇〇フィートのロッキングトン・ダムを見学したときは、その壮大さに驚くと同時に、自らの設計で造り上げていく烏山頭ダムの完成に自信を深めたという。

七カ月に及んだ海外出張は與一に多くの収穫をもたらし、また国は違っても技術者同士の忌憚ないディスカッションはお互いに感銘を与えた。そして、アメリカ土木学会に知己を得た與一は、ダムが完成すると学会の論文審査部に「烏山頭のセミ・ハイドロリックフィル工法に就いて」という技術論文を提出し、その成果は一九三二年（昭和七）発行の冬号で紹介された。この時代、日本の土木技術がアメリカ土木学会誌に掲載されるのは希有なことであった。

滞米七カ月余り。三人は西海岸のサンフランシスコを振り出しに大陸横断鉄道で東海岸に到着し、ニューヨークから土木学会訪問のため、オルバニー市へ。その後、近郊のダムを見学すると、カナダに足を延ばして、いくつかのダムを見学し、帰路はカナダ側からワシントン州に入るとシアトルからカリフォルニア州を南下。さらに国境を越えてメキシコまでダムの見学に出向いた。

公式の出張は一応メキシコで終わり、三人はロサンゼルスに戻ると、帰国するまでの一週間は同地に滞在していた。三人がバケーションを楽しんだのは、どうやらロサンゼルスの一週間だけであったようだ。帰台はサンフランシスコからで、このときは日本郵船の橘丸を利用し、横浜に上陸したのは秋も深まる十月下旬であった。與一が直接、帰台しなかったのは東京と金沢に用事があったためで、同行の二人とは東京で別れ、與一が内地から基隆に戻ったのは十一月半ばであった。内地は紅葉の真っ盛りであったが、台湾の気候は雨期から乾期に入っていた。

第六章　一〇年がかりの大工事

一九二二年（大正十一）十一月十三日。基隆に上陸した與一は帰朝報告のためいったん総督府に寄り、久しぶりに会った土木局の仲間たちと土産話に花が咲いた。数日、台北で過ごすと妻子が待つ懐かしの烏山頭の宿舎に戻って行った。與一が乗った列車は夜行寝台急行で、縦貫線の急行は当時、番子田駅には停車しないため、一つ手前の新営下車となった。明け方の新営駅頭には烏山頭工事事務所の主だった幹部をはじめ業者の代表らが出迎え、すでに所長の辞令が発令されていた與一を盛大に出迎えたという。

宿舎での休息は一夜かぎりで、與一は翌日から新築間もない木の香りも芳しい烏山頭工事事務所の所長室で仕事を始めることになる。といっても、與一は事務所にいる時間よりも現場を見て回ることの方が多かったのだが——。

また、組合の名称も公共埤圳官田渓埤圳組合から、「公共埤圳嘉南大圳組合」に改称される。與一は現場のトップとして、事務所の裏手に作られた甲号宿舎で家族と共にこれから先、ダム施設が完成するまでの八年余りを過ごすことになる。

宿舎生活といえば、同時代に台中庁の農務技師として、試験農場の宿舎生活を一〇年余り続け、與一が完成させた「三年輪作給水法」による一五万甲歩の水田に稲穂を実らせた二人の日本人も忘れることができない。この二人は、当時明けても暮れても試験田で品種改良に取り組んでいた。

元来、土着の台湾米は小粒で固いインディカ種である。そのインディカ種を日本の内地米と同じ品種のジャポニカ種に改良し、今日の台湾米の原種に育てたのが末永仁と前述の磯栄吉という二人の日本人農学士であった。また、この改良原種は数百回の品種改良を試験田で繰り返した末、一九二一年夏に試験田六五号の畝で発芽し、「台中六五号」と命名された。その後、第一〇代総督の伊沢多喜男がこの米を「蓬莱米」と名づけた。これが今日でも台湾米の六割を占める品種として、台湾の人たちが日常的に食べている米に育ったのである。

與一とこの三人は、分野は違うとはいえ、共に同時代に台湾で「台湾人」のために地味な活動をした総督府の技術者である。しかし、三人が生前、台湾で邂逅したという記録は残されていない。

ガス爆発事故

ところで與一が烏山頭に帰ってきたのは十一月下旬であったが、晩秋といっても日本内地とは異なり、南国台南の秋は長袖シャツ一枚でも十分過ごせる気候であった。また、與一は休む間もなく現場の工事事務所に出勤すると精力的に現場を見て回った。そのときの姿は作業着に編み上げの短靴で、この格好は與一のトレードマークにもなっていた。

與一が烏山頭に戻って間もない一九二二年十二月六日、先行して進められていた烏山嶺隧道の掘削現場でガス爆発事故が起きた。

大量の犠牲者が出た現場はどんな状況であったのか。烏山嶺隧道の事故は與一が帰国した一九二二年冬に起きていた。爆発事故である。前出の事業概要には簡潔に記されている。

「十二月六日入口大背導坑進行二尺の地点に於て石油瓦斯の発生を見し以来石油の噴出及び瓦斯爆発事故度々として起こり犠牲者五十余名出したる……（後略）」

また、石油の噴出については「水明かり」のなかで藤江がリアルに語っていた。

「あれも（注・烏山嶺隧道工事）私どもにやらせていただきましたが、どうしてどうしてガスが出、水が入り、今でも思い出す毎にぞーっとしますよ。ガスが出ると石油が出てきたりしてまったく苦労したものです」

五十余名の犠牲者が出た爆発事故の原因は、入口から三〇〇尺というから、九〇メートル掘り進んだ切羽で「石油」が噴出し、その石油ガスに灯油のランタンの火が引火して起きたものであった。

一時は、土圧が強く軟弱な地盤にトンネルを貫通させること自体、設計上問題があるのでは、と與一の責任問題にまで発展し、工事の中止も検討された。また、この事故が現場で働く台湾人に与えた「恐怖心」という心理的影響は大きく、工事全体の進行スケジュールに遅延が生じたのである。

最悪の現場の状況を前出の藤江は語っている。

「扇風機を据えつけて換気したのでありますが、ほとんど熱風の中で仕事をやったのです。一時非常に土圧が強くなつて内地から取り寄せました直径一尺の松丸太が、ひしやげてしまふ位の土圧がありました。長い経験をもった工夫なんかもこんなえらいトンネルは初めてだと申しております」

しかし、與一がもっとも恐れていた事態は、この事故が原因で現場にヤル気がなくなることであった。そのため與一は事故現場で陣頭に立ち、原因の徹底究明と犠牲者の家族を見舞うことを忘れなかった。與一がいつもの作業着姿で犠牲者の棟割長屋を訪ね、台湾式の弔意を遺族に表すと遺族はそれこそ與一の言葉をおしいただくようにして聞き入り、嗚咽したという。それは、與一の弔問が単なる形式だけのものではなく「仲間を失った」という悲しみが自然と相手に伝わり、その心情が遺族の胸を打ったともいわれている。與一の飾らない人柄がしのばれるエピソードである。

この事故で、烏山嶺隧道の工事は放棄論と設計変更論が拮抗した。だが、與一はあくまで工事続行を貫き、隧道の基本設計を変えずに地盤のもっとも軟弱な破砕帯を避ける部分的な設計変更だけで一カ月後には工事を再開させたのである。堤高五一メートル、堤長一・三五キロの堰堤とこの隧道施設は烏山頭ダム全体の要《かなめ》である。そのうちの隧道工事が一時は放棄論まで出たことに、與一は内心、相当参ったことも事実であった。だが、持ち前の自信と冷徹さでこの難局を切り抜けたのである。

摂政宮の行啓

明けて一九二三年（大正十二）は現場に慶事がもたらされた。それは、摂政宮の烏山頭ダムの行啓である。戦前、天皇の行幸や摂政宮——皇太子の行啓を得るということは、今日では想像もできないほど名誉とされた時代である。

昭和天皇が大正天皇の国事行為を代行していた摂政宮時代に日本内地を離れたのは樺太行啓と台湾行啓の二回だけであった。

一九二三年（大正十二）四月、関東大震災が起こる四カ月前に、摂政宮は一二日間の日程で台湾行啓に出発した。基隆に上陸したのは十六日。その後、摂政宮一行は分刻みのスケジュールで島内を北から南に行啓するが、台南でのスケジュールは以下のようなものであった。

四月二十日

台中駅—台南駅（嘉義駅途中停車）—台南州庁—北白川宮御遺跡所—南門小学校—孔子廟—台南師範学校—台南市第一公学校—台南市第一中学校—宿舎（州知事官舎）功労者召出—台湾催物—提灯行列（『台湾時報』による）

日程表には時間まで書かれていないが、駅間の移動は特別編成の御召し列車を使い、訪問地へは自動車による鹵簿《ろぼ》（儀仗を具えた行啓の行列）の移動であった。当然ながら摂政宮の行啓ということで沿道や訪問地の警備は厳戒体制が敷かれていたことはいうまでもない。また、二十日の台南でのスケジュールを見るかぎり、烏山頭ダムを見学する時間的余裕はなかった。したがって、現地を見学したとすれば翌二十一日ということになる。

四月二十一日

安平埋立地―台湾製塩会社塩田―養殖試験場―台湾歩兵第二連隊―台南駅―高雄駅（以下略、『台湾時報』による）

スケジュールを詰めてみると、鹵簿は郊外にある安平から塩田を回り、そして養殖試験場を訪問。次いで、台南市内にある歩兵第二連隊に行啓している。ということは、時間的に烏山頭ダムまで鹵簿が足を延ばせるのは試験場から歩兵連隊に向かう途中というのが確かなようで、養殖試験場のある山寮店から縦貫道路を経由して官田庄。その先、烏山頭まで御成街道を通ればノンストップ。当時の車の性能からいっても往復二時間で烏山頭ダムを見学し、市内に戻れた。ということは摂政宮の行啓は一九二三年四月二十一日が正確であったようだ。

摂政宮の行啓スケジュールは総督府が中心に作ったもので、訪問地は多岐にわたり、一二日間の滞在で一〇〇カ所以上を行啓している。事故の復旧工事が終わった烏山頭に摂政宮が行啓したことは、現場で働く者に強い感動と、気概をもたせたことはいうまでもない。この精神的な効果を誰が発案したのだろうか。事故で沈滞ムードにあった現場の士気を行啓で鼓舞したとなれば、総督府にもなかなかの策士がいたことになる。しかし、與一が現場のトップとして摂政宮にダムの概況を説明したという記録は残されていない。

関東大震災

烏山嶺隧道の復旧工事も終わり、行啓という慶事も重なって工事は遅れをと取り戻すべく、それこそ突貫工事で隧道が掘削されていった。そして、一カ月の遅れをなんとか取り戻し、予定の掘削距離まで進んだのは七月である。その距離は全体の三分の一であった。

しかし、残暑の九月一日。東京を中心に関東地方をそれこそ青天の霹靂とでもいうべき大災害が襲った。死者十万余、全壊家屋一二万八〇〇〇戸を出した関東大震災である。帝都は崩壊し戒厳令が敷かれた。また、大震災の経済的影響は台湾にも及び、震災による経済的喪失は内閣統計局の推計で国富総額（土地を除くと六九一億円）の八・四八％という天文学的数字に達し、総督府も復興支援の財政援助を政府に申し出たのである。その金額は総督府の年間予算の三〇％に当たる三〇〇〇万円であった。

その結果、総督府全体の予算は緊縮財政を強いられたことはいうまでもなく、当然ながら各種補助金も削減され嘉南大圳組合への補助金もバッサリと削られたのである。組合は窮余の策として工事は継続するものの、規模を縮小した。職員、作業員の大量解雇で事業の継続をなんとか果たそうとしたのである。工事開始以来三年目にして烏山頭ダムは最大の危機を迎えた。

当然、職員や作業員に与えたダメージは強く、人心の動揺も激しく、残る者、そして去る者の間には感情的な対立が生じたのである。なにしろ三年間苦楽を共にしてきた仲間の半数が解雇されたのである。與一にとって、この事態は爆破事故よりも辛く、それこそ身を切られる思いであったという。

しかし、與一の最後の決断は工事続行を選択し、固定費の削減を大量解雇によりしのいだのである。與一にとって工事中止はそれこそ死刑宣告であったろう。だが、與一は解雇者の再就職先を総督府のつてや業者の縁故を頼って奔走し就職先を斡旋したという。また、この斡旋も、工事が再開されれば優先して烏山頭で再雇用するという条件を先方に付けたという。これも、今日、嘉南の人たちに語り継がれているエピソードであった。

では組合が総督府と協議し、事業の継続を果たすべく採った対策とはどんなものであったのか。本来の工期は大正九年着工、完成は十四年の六カ年継続事業であった。その工期を四年延長して完成を会計年度で大正十八年度とした。そして、総予算も総額四八一六万三〇〇〇円に増額。また、国庫補助金は四年間で総額一二〇八万円が付くことになった。これら継続事業の骨子が予算面で総督府から認可されたのは、震災後九カ月が過ぎた一九二三年（大正十二）五月であった。その間、現場では細々と工事が進められていたが、予算上の問題も解決し、外に散っていた職員や作業員が烏山頭に戻ってきて、久しぶりに工事現場は活況を取り戻すことになる。それは、工事着工以来五年目の夏で、まだ五月にもかかわらず、台南は熱射の季節になっていた。

この時期、内地は震災復旧に全力を挙げ、帝都は道路を中心に計画的な街づくりを進めた。いわゆる「都市計画の推進」で、震災前と比べ格段に道路が整備され、急速に増えたのが自動車である。特にバスや、東京市内ならどこでも一円というタクシーの「円タク」であった。また、時代は前後するがラジオ放送が始まったのも震災後で、アメリカ映画が人気となり、ジャズが流行した。ダンスやカフェに都会人が集まり、大衆雑誌の『講談倶楽部』や『キング』が普及した。そして、「円本」といわれた一冊一円の日本文学全集や世界文学全集がブームになっていた。

都市文化、大衆文化の勃興である。しかし、国家財政を眺めてみると暗澹たるもので、五カ年継続事業による帝都復興計画の総予算は地方費を含めて一五億五〇〇〇万円の規模となり、とても国内の資金では調達できるものではなかった。そこで憲政会の清浦内閣が打った手は、五億五〇〇〇万円の外債発行であった。しかし、この外債は年利八分という高利の調達で国民から「国辱公債」と厳しい非難を受けたのである。

また、大震災が金融面で台湾に与えた影響も大きく、昭和と時代が変わって早々に起きた「金融恐慌」の引き金になったのが銀行の取り付け騒ぎである。この事態は、企業の決済資金を救済するために政府が行った三〇日間の支払い猶予令、いわゆるモラトリアムの内容が「九月一日以前に銀行が割引した震災地発行の手形、若しくはその書換手形等を、向こう二年間に限って日本銀行が再割引する」という『震災手形』の発行を悪用した鈴木商店の倒産であった。なにしろ、台湾の中央銀行であった台湾銀行の貸付残高の七割が一時は三井、三菱を超えた貿易商の鈴木商店のもので、倒産が台湾金融界にパニックを引き起こしたのも当然であろう。

進展する工事

一方、苦しい財源のなかで総督府予算も増額され、国庫補助金も付いた烏山頭ダムの工事現場は再び活気を取り戻し、各種の機械はうなりを上げて動き始めていた。とはいっても、それらは削岩機や巻き揚げ機、それにコンクリートミキサー、索道用のロープウェイといった工事の補助的な機械であったのだが……。

この年、五月には三女の浩子が宿舎で生まれ、八田家は六人家族になっていた。與一三十一歳、外代樹二十三歳であった。

外代樹は家事と育児に専念し、與一は毎日工事事務所に通勤、といった戦前の典型的なサラリーマン家庭の生活であった。しかし、與一はいったん、宿舎を出ると帰宅は毎日午前様で、一日の大半は現場事務所で過ごしていたという。やはり、頭の中はダムのことでいっぱいであったのだろう。そしてこの年の秋、待望の堰堤を貫通する排水用トンネルが完成した。このトンネルは灌漑用水をダムから排水する重要なトンネルで、規模は烏山嶺隧道に次いで大きなものであった。

そして、排水用トンネルが貫通して以来、現場では次々と付帯設備が完成し、三年前から始まった全体のコアになる堤長一・三五キロのダム堰堤の基礎工事も続けられていた。一九二三年（大正十二）十一月、與一らが二年前に渡米した際に現地で発注した大型土木機械が基隆港に陸揚げされた。もちろん、引き取り立ち会いには現場の蔵成技師をはじめ組合の関係者が烏山頭から基隆に出張しており、通関手続きや烏山頭まで運び込む打ち合わせを総督府鉄道部の技師たちとしている。陸揚げされた機械はスチームショベルをはじめ、スプレッターカー、エアーダンプカー、蒸気機関車など総重量一〇〇〇トンを超える鉄の固まりで、港で働く作業員も初めて目にする機械ばかりであった。

鉄道部の技師がなぜ立ち会ったのかといえば、七台の軌道式スチームショベルを基隆港駅から番子田駅を経由して烏山頭まで、レール上をどのようにして運搬するかという技術的な打ち合わせのためであった。台湾の鉄道は先述したようにゲージ幅が日本内地と同じ一〇六七ミリの狭軌だが、スチームショベルのゲージ幅はアメリカの標準軌で一四三五ミリ。ゲージが合わなければ当然レール上をスチームショベルは走ることはできない。蔵成らは台車を狭軌に改造して自走で運ぶことを提案したという。しかし、鉄道部の技師は解体して貨車輸送を主張して譲らなかった。

それも当然の意見であった。なにしろ縦貫線には鉄橋とトンネルが多く、鉄橋が五〇トンのスチームショベルの重量に耐えられたとしても、トンネルの高さと幅が限界点を超えてしまうため、自走では運べなかった。基隆港駅の引き込み線でスチームショベルを解体するときに台車も狭軌に改造したのである。それは、すでに番子田と烏山頭の間に敷かれていた軌道が狭軌であったためである。最終的に決定した運搬方法は、狭軌の台車に改造したターンテーブルとブーム、運転台、スチームエンジンの四分割に解体、無蓋貨車で番子田駅まで運び、その後は引き込み線を使って烏山頭まで持ち込み、現地で組み立てるという方法であった。

では工期を四年延長と決定した一九二三年（大正十二）度の主要工事の進捗状況は、どのような状態にあったのか。

まず、烏山頭ダムの排水用隧道は完成、開渠の完成率は九七％、濁水渓導水路は完成、烏山嶺隧道は四二％の進捗率、ダム堰堤は四五％が完成していた。次いで進捗率のよい順に記してみると、濁水渓給水路幹線が五〇％で、支線分水路は二五％、排水路および潮止堤防が二〇％、もっとも遅れているのが曽文渓取水口設備で一二％、そしてすでに完成している設備は烏山嶺隧道の暗渠と開渠、それに烏山頭ダムの暗渠であった。

蒸気機関車に引かれるエアーダンプカー（パノラマ写真拡大）

本工事に先がけ、番子田と烏山頭間、それに官田大内庄間に資材運搬用の鉄道施設を建設しはじめたのが一九二〇年（大正九）九月で、三年後の工事全体の進捗率は四〇％を切っていた。しかし、大型土木機械が現場に到着したことから工事の進捗率は目に見えてよくなる。だが、それは作業員が機械の取り扱いに習熟してからのことで、当時、土木工事といえば人力に頼る時代。現場は機械を忌避していた。そのあたりの状況を技師の阿部貞壽が語っている。

「その頃はまだ機械を使ふといふ事を非常に嫌ふ時代でした。四百万円は土木機械を買ったんですが、それを使へと言つても、機械を使ふ方が高く掛かるから勘弁してくれといふやうな有様で、一にも機械、二にも機械といふ今とはまつたくお話になりません」（「水明かり」）

もちろん現場では誰一人、スチームショベルなど見たこともなく慣れるまでが大変であった。

「エアーダンプカーを百台買つて大内庄といふ所から堰堤の材料を運んだわけであります。エアーダンプカーを使つた者はありませんし、又スチームショベルといふものも嘗て聞いた事はありますが、石川さんも初めて見たものだし、土木屋の我々も見たのは初めてで運転する職工も全部素人ですから、どうしてもうまくゆかない。手掘りよりも恐ろしく金が掛かるといふ始末で難儀をしましたが、その中段々と監督の私共も慣れてくるし、職工も熟練して来て、最後には一にも二にもスチームショベルでなければならんといふ事になりました」

阿部の部下であった職長の山根長次郎の証言である。やはり、巨大堰堤の築造にはスチームショベルとエアーダンプカーの組み合わせが威力を発揮したのである。なにしろ堰堤の土盛は約九〇万立方坪で、平米に直すと二九七万立方メートルという膨大な土砂の量である。それに中心コアの混擬土は一万五一八〇立方メートルもあり、これだけの資材をモッコにツルハシ、シャベルを使って、人力でトロッコに積み込む作業内容では、とても工期までの完成はおぼつかない。與一は当然ながら設計段階で機械力による工事を折り込んでいたのである。

それと大量に使う土砂は、工事が始まる前の地質調査の段階で、烏山頭から南西八キロの地点にある曽文渓沿いの大内庄で採取できることが分かっていた。そのため、烏山頭と大内庄の間の軌道建設は先行工事として始められていた。しかし、当初、建設した軌道は軌間七六二ミリの軽便鉄道であったため、スチームショベルが現場に到着する直前になって、機械が走行できるように軌道を狭軌に改修したという経緯があった。また、鉄筋、煉瓦、セメント、砂、砂利などの資材運搬用設備として、この工事では台湾で初めて延長九・六五キロの本格的な架空索道、いわゆるロープウェイが烏山頭と烏山嶺隧道の排水口現場の間に建設されている。このロープウェイは、単線式とはいえ、険しい山岳地帯を縫って資材を運び込む手段としては、最良の方法で毎分七二〇メートルの速度があり、一日五トンの運搬能力があった。また、このロープウエイの最大高低差は九〇メートルもあり、初めは作業員も恐れて誰も乗り手がいなかったという。

　このように烏山頭ダムの工事は当時、日本内地でも実現していなかった機械力による大型土木工事で、当初はこれらの機械の扱いに職員はじめ作業員は相当てこずっていた。なにしろ、これらの機械は見るのも触るのも初めてで、與一が現場で叱咤激励しても機械は動かないのである。もちろん、機械と一緒にアメリカからオペレーターが同行してきてはいたが、彼らは現場の人間に機械の操作方法など教えなかったという。内心、彼らには「黄色いサル」に操作方法など教えても覚えることなどできないという蔑視があったのだろう。

　しかし、與一の口癖は「外国人に使えて日本人に使えないことはない。覚えるのは簡単だ。外人の鼻を明かしてみろ」であった。だが、意気込みだけでスチームショベルの運転台に乗った職工は、レバー操作どころか、ショベルを前後に動かすこともままならず、とてもバケットを上下左右に動かして砂利をすくい上げることなどできるものではなかった。それに、操作方法の説明はすべて英語表示で、外人オペレーターの尊大な指導も英語である。通訳が入ったとはいえ、現場の人間は最初の頃は勘で覚えるしか方法はなかった。なにしろ、職工が交代で朝から晩までショベルを操作しても、一〇トン積みのエアーダンプカーに半分も積めない日が何日も続くのである。退避線には七両の蒸気機関車と九〇両のエアーダンプカーが虚しく放置されていた。

「はじめに」で述べた蒸気機関車が牽引するエアーダンプカーの列の写真は、一九二八年（昭和三）に撮影されたもので、スチームショベルを大内庄で試運転してから四年後の情景である。この時代になるとダムの堰堤は九八％が完成しており、エアーダンプカーの列は一日二〇往復以上、烏山頭—大内庄間をピストン輸送している。試運転時代と比べると、それこそ隔世の感があった。

ところで、職員はじめ作業員たちが鉄の塊のスチームショベルの操作方法に悪戦苦闘している最中の一九二四年（大正一三）秋口、台北の総督府内務局ではアメリカからフィル・ダムの権威者J・D・ジャスティンを組合の技術顧問として招聘する計画を立てていた。與一には寝耳に水の総督府の計画である。與一は渡米した際にジャスティンとの面会を希望したが、先方の都合で会うことができなかった。しかし、與一もダム屋としてこのフィル・ダムの権威者のジャスティンの名はよく知っており、大方の論文は目を通していた。だが、與一は総督府のやり方にへそを曲げたのである。それは、與一のあずかり知らぬところでジャスティン招聘計画が進んでいたからであった。

與一にしてみれば烏山頭ダムは自分の子供のようなものである。計画から予算付け、そして地質調査を経て設計図を引き工事に着工、アメリカへの出張で機材の調達、そしてこの時期は工事も本格的になってきた。その矢先のジャスティン訪台である。それも、組合の技術顧問としての招聘である。ダム造りに神経をすり減らしてきた與一にとって、総督府のやり方が気にくわなかったのである。自信家の與一は山形局長と直談判して事情説明を求めたという。

だが、話し合いの席で、局長は與一の評判や工事の遅れ、それにプライドの高さを批判した。そして少なくとも権威者で実務家のジャスティンの実地調査を受け入れることは当然と、與一の偏狭さを諭したという。確かに與一は独創的な技術を開発した技師である。しかし、信頼しているとはいえ、総督府がどこまで與一の革新的な技術を評価していたかは疑問で、事故や工事の遅れで不安になっていたことも事実であった。そんな状況下で総督府がジャスティンを招聘する計画を立てたのも、また当然の結果であったといえる。

「確信を得て以て之を遂行せり」

事業概要にも簡単ながらジャスティン招聘の事実が記されている。

「大正十三年十月米国より現代斯界の権威ジェル・デー・ジャスティン氏を招聘して之が調査研究を依嘱せる等所謂念には念を入れる主義の下に最善の努力を払ひ斯くして充分なる確信を得て以て之を遂行せり」

ジャスティンは当時五十二歳で、アメリカでも高名な技術者。もちろん、アメリカ土木学会の正会員で理事の役職にも就いており、国内でシールド工法によるダム建設も手掛け、フィル・ダムを一〇余り設計していた。要するに、ダム屋としては日本にも名を知られた人物であった。そんなジャスティンに與一がライバル意識をむき出しにして技術論争を挑んだとしても不思議ではあるまい。

ジャスティンを半年の期間で招聘した総督府の意図は、ジャスティンに烏山頭ダムを実地調査させ、設計から築造方法、それに工程管理に至る、いわばダム全体の機能を精密診断させることであった。土木課の監督官に案内されて烏山頭に赴いたジャスティンは、宿舎に泊り込んで精力的に調査を開始している。記録によれば、ジャスティンは半年の間に台北に戻ったのは一カ月足らずで、残りの期間は宿舎に泊り込み自ら測量器をのぞいて調査をしたという。また、技術者としてリアリストのジャスティンは、所長室で與一が引いた設計図を前に何度も厳しい質問を與一に投げかけ、疑問点を質している。

ジャスティンが驚愕したのは、ダムのスケールと、與一の技術者としての経験であったといわれる。二〇年以上にわたりアメリカ国内とメキシコで一〇余りのフィル・ダムを設計し、現場の指揮官として経験を積んできたジャスティンにしてみれば、これだけのスケールをもつダムの工事責任者が、なんと未経験者という事実に驚いたのである。ジャスティンにしてみれば「はるか後輩の、それもダムの築造経験もない與一に総督府が全責任をもたせたことを後悔しているのではないか。そのため、自分を招聘して完璧な調査報告を求めている」のだと、総督府の意向を解釈していた。

そして、與一の設計にジャスティンがクレームをつけたのが「中心のコンクリートコアが低い」、それに「余水はけが良くない」の二点であった。まず、コンクリートコアが低いということは、大量の浸水が出た場合ダムは決壊する。それを防ぐためにコンクリートコアを高くすべきだという意見であった。しかし與一の設計は、堰堤の安全を保つために水面が上昇した場合は、余水をスコアリングで排水するというオーバーフロー方式であった。対するジャスティンの意見は、ダム湖に余水タワーを数カ所造り、余水を排水すべきというものであった。

與一とジャスティン、お互い技術者として二人は持論に固執した。ジャスティンは自らの豊富な経験をもとに設計変更を主張。とくに、コンクリートコアに関しては設計を変えなければ必ずダムは浸透水で崩壊する、とまで言い切っている。

與一は、このジャスティンの意見を論破するために、それこそ不眠不休で自説の技術論を英文でまとめた。それに、烏山頭ダムの責任者に與一を推薦してくれた前任の山形内務局長への恩義があった。

「自分はまだ経験もなく、学校は出てきたが、あのダムをやることは、自分は勿論やる元気はあったけれども、山形さんがいなかったら、できなかっただろう。山形さんがお前やってみろと非常に自分を信用して呉れてやらしてくれたことが、あのダムをやり遂げられた根本である」

と、與一は後日ある座談会で語っているが、ジャスティンの意見を論破することが元上司山形の恩義に報いることであった。しかし、技術論はあくまで冷徹に感情に左右されることのない数値の勝負である。與一は、骨材の特性に始まり、烏山頭の地質、それに将来のダムのスケールアップにまで触れた意見書を書き上げたのである。

また、半年にわたって現地調査をしたジャスティンは、ダムの立地に始まり、地質、骨材の選定、セミ・ハイドロリック・フィル工法、隧道掘削工法、それに給排水路の設計に至るまでダムの全体計画について触れた報告書を総督府に提出している。與一はジャスティンの指摘した項目について一つ一つ持論を展開した。烏山頭ダムの建設計画が持ち上がった時代から筆を起こし、とくに築堤技術にセミ・ハイドロリック・フィル工法を採用した理由と利点について紙幅を割いていた。また、與一はジャスティンが現地調査をしている間は、それこそ毎日のようにジャスティンに同行し、質問に答えていたという。技術者として二人の間に友情が芽生えたかどうかは定かでないが、與一は少なくともジャスティンが斯界の第一人者で、技術者として優れている点は大いに学んだといわれる。それに、自らが設計した烏山頭ダムをジャスティンに誇りたい気持ちもあったろう。

両者の報告書を受け取った総督府は、内務局を中心に一カ月かけて、部内で内容を詳細に検討した。その結果、工事は與一の設計通りに進めることで決着し、ジャスティンも総督府の裁定を了解した。しかし、ジャスティンは総督府と與一にダムが完成した後に堰堤に浸み込む「浸透水量」のデータを毎年アメリカ土木学会に報告してもらうことを要請した。與一はジャスティンの申し入れを快諾した。このデータの報告が後日、八田與一の名を喧伝することになり、土木学会は「八田式セミ・ハイドロリック・フィル工法」の論文を求めることとなった。その成果が先述した八田論文で、與一の独創的な技術がアメリカで認められたのである。

一方、半年間台湾に滞在したジャスティンは、一九二五年（大正十四）四月に基隆から香港経由でアメリカへ戻ったが、その後のジャスティンの消息を知る手だては学会誌に発表される技術論文だけであった。また台湾で別れた二人がその後、文通などを通じて友情を深めていったかどうかは、残念ながら検証する資料が残っていない。

第七章　烏山頭に誕生したダムの街

台湾の雨期は四月から九月までである。雨期に入った四月にはジャスティンとの技術論争も決着がつき、烏山頭は再び活気を取り戻していた。現場では職工の運転するスチームショベルもどうやらマニュアル通り動きはじめ、一〇両連結のエアーダンプカーが大内庄と烏山頭の間を一日二往復するまでに効率が上がり、土砂の運搬量は二〇〇㌧になっていた。また、堰堤は四月現在、四五％の完成率で、玉石で築堤した勾配二九度の堰堤外郭はダムの形を現してきた。

與一の日課は相変わらず現場を巡ることに終始しており、この時期は堰堤に居ることが多かった。なにしろジャスティンとの論争の舞台になった場所である。日に日に形を現していく堰堤を眺める與一の胸中はどんなものであったろう。所長を拝命して四年が経過した。在台一五年。二十四歳で訪台した與一も四十歳の働き盛りの歳になり、めっきり白髪も増えていた。また家族は四女の嘉子が生まれて、八田家は七人家族の大所帯になっていた。

ところで土木機械が主役になって全体の六〇％が完成していたダムだが、堰堤以外の主な設備について記しておく。

まず、ダムの地下に排水用として造られた隧道だが、構造は延長二七〇メートル、高さ九メートル、幅九メートル、馬蹄型で鉄筋コンクリート造り。側壁は煉瓦巻き、勾配六〇〇分の一で一秒間の最大流量は二万七〇〇〇立方メートルであった。出口部分の暗渠は延長五四メートルで、開渠は延長六九〇メートルとなっている。

また、ジャスティンと対立した海抜五七・六メートルのダム湖の稜線上に造られた余水吐だが、構造は鉄筋コンクリート造りで延長六三〇メートル、吐口幅一二〇メートル、高さ九メートル、最大勾配六分の一、余水量は最大で毎秒五万四〇〇〇立方尺という安全設計であった。

また、夫人の外代樹が後日、ここで投身自殺した送水口のプールは、工事概要の記述から詳述してみる。水田に灌漑用水を給水する重要な施設だからだ。

「官田渓貯水池送水口は貯水を灌漑用水として供給する設備にして元官田渓貯水池堰堤工事中の排水口で、貯水池堰堤地下の排水隧道を利用してこれに送水装置を施設するものなり。即ち、元排水隧道全延長百八十間を厚さ二尺乃至二尺五寸の鉄筋混擬土（コンクリート）を以て補強し、高さ二十六尺幅二十五尺勾配六百分の一の送水隧道と為すと共に、送水隧道出口より約百六十尺上流付近に延長百八尺一寸二分及び延長七十八尺七寸七分の分岐隧道二本を設け、尚、延長五百三十三尺六寸七分及び延長五百五十二尺八寸一分の鋼鉄製送水管二条（内径各九尺、側厚四分）を連結し分岐隧道を通じてこれを堰堤外に導き該二条の送水管末端より延長七十尺七寸、内径六尺側厚三分五厘の鋼鉄製本送水管各二条及び分岐隧道出口付近より延長百二十七尺内径六尺、側厚三分五厘の鋼鉄製補助送水管各一条を分岐せしめる（後略）」

独創的技術

六七年前に完成したこの送水口は、鉄筋コンクリートの建屋に納まり現在でも使われているが、三年後には廃止され、新設の送水施設にバトンタッチすることになっている。屋内には一六二・五キロワットの日立製作所製のモーターが、まだ現役で活躍していた。

要はこの放水口の入口は、堰堤の地下に掘られた長さ三二四メートル、高さ七・八メートル、幅七・五メートルの隧道で、堰堤の工事中に掘った隧道をコンクリートで補強し再利用したものである。隧道の出口を分岐させ、その先に鋼鉄製の本管と補助送水管を六本を設け、さらに送水口までの間に連結した六本の鋼鉄製導管を設けて送水するという構造になっていた。いうならば、ダムの地下から導水された貯水は、約五二二メートル導水されて送水口から排水される造りになっていた。

また、鋼鉄製の管は八幡製鉄と久保田鉄工が特注で造ったもので、水圧を調整するニードルバルブはアメリカ製と国産の日立が使われていた。それに圧力弁としてニードルバルブが常時、貯水池の水位と放水口に設けられたプールの水位の増減を調整した。それはサイフォンの原理を応用したもので、余水の放射にコンクリートタワーを設けていた。では、この装置がなぜ独創的かといえば、次のような理由による。

「水量は当該『ニードルバルブ室』の独特の作用によりて空中放射し、吐口に設けたる最大幅百八尺、延長百八十五尺、深さ十六尺の『プール』内に放水し此の所にてニードルバルブに依りて放射せられたる水のエネルギーを消滅緩和し、貯水池導水路及び給水路南北両幹線によりて灌漑地に送水するものとす」

このように水位の調整をニードルバルブとサイフォンを応用した方法で行うことで、増水を防ぐことができたのである。まさしくジャスティンを論破した與一の独創的な技術の成果であった。

しかし、「官田渓上流に導水するものにして延長一千七百十間、高さ十八尺、幅十八尺の馬蹄形入口は海抜二百六十五尺、出口は海抜二百五十六尺四寸五分で勾配一千二百分の一、最大流量一千八百立方秒尺を有し……」と、事業概要に記されている烏山嶺隧道は難工事が続き、工事の進捗率は一年経った二五年現在、五%進んだだけで四七%に留まっていた。だが、全体工事の進捗率は二五年現在、六三%に進み、堰堤工事も機械力をフルに発揮するようになると同年一七%も進捗し、六二%が完成していた。

放水路の建屋に据え付けられた発電機

この堰堤工事はダム全体の要になる重要な工事である。なにしろ総延長一・三五《キロ》、堤高五一《メートル》もある巨大な堰堤で、盛土の横にはレールが敷かれエアーダンプカーがしきりに荷台を回転させて土砂を吐き出していた。また、その土砂の総量は二九七万立方《メートル》という膨大なもので、盛土された土砂の上には四台のジャイアントポンプからは連続一二時間も水が放水され、コアを造る微粒子が次々に沈殿していった。

堰堤の工事は最初、付帯設備として工事用動力と照明用電力を確保するために出力一二〇〇キロワットの変電所の建設から始まっている。そして、逐次、堰堤内の整地からコアの掘削、さらに中心コンクリートの工事と基礎部分が進み、本工事の準備段階は一九二六年（大正十五）一月に終了した。本工事は二月から開始される予定になっていた。いわゆるこの工事がセミ・ハイドロリック・フィル工法であった。

　前述したように、この工法の特徴は築造の堰堤材に土石を用い、水圧で材料を固めていく。その際、水圧により粒度の細かい材料は堰堤の内側に沈殿し、荒い材料は外側に沈殿した。これが完成すると、堰堤はコンクリート並みの強度をもつことになり、烏山頭の地質にもっとも合致した工法であった。そのため、水圧をかけるのにジャイアントポンプは絶対に必要な機材であった。強馬力のポンプは、当時日本製では三〇〇馬力が限界で、四〇〇馬力以上のポンプは輸入品に頼っていた。

　ところで人の住みつかない烏山頭に、工事が始まって以来、多くの職員や作業員が生活するようになった。最盛期、烏山頭で生活した人間は二〇〇〇人を超えたといわれ、街が一つ忽然と出現したのである。前述したように、宿舎を中心にした用地には生活必需品を販売する市場から娯楽設備、さらにテニスコートまで造られ、この場所で生活する人たちは日常生活に困ることがなかった。

　また娯楽では一カ月に一度の割で映画会が開かれていた。それも、台南では上映されていない最新の映画である。與一は、娯楽に飢えている関係者の家族たちを慰問する意味から、定期的に台北から映画班を呼んでいたのである。映画といえば、嘉南郷の住民は映画などほとんど観たこともなく、與一は毎回の上映日には嘉南郷の住民を招待して親睦を果たすというきめ細かい人づき合いもしていた。娯楽といえば一年でもっとも盛大な行事は盆踊り大会と運動会で、この時ばかりは與一も日頃の激務を忘れ、家族総出で一日を楽しんでいた。踊りといえば烏山嶺隧道が貫通した時、與一は即興で歌を作り踊りまくったという。その雰囲気を技師の山根が語っている。

「隧道が抜けた時に、お祝いの踊りを踊ったことがありましたね。『抜けた抜けたよ隧道が抜けた』と唄って、余程嬉しかったのでしょう。『抜けた隧道は全島一』といふ歌を作って、踊りをやりましたね、石川さん当り踊りを嫌う人も八田さん自身が連中をテニスコートに集めて踊りの稽古をするものですから嫌とも言えず、それに絶対命令でどうしてもやらなければならず、小田氏も相当辛かったらしいが、烏山頭の従業員全部が踊って、八田さん自身も毎晩踊りの練習をしましたね」(「水明かり」)

それに、娯楽で他に流行ったものといえばマージャンと花札で、與一はのるかそるかの大仕事をしていたせいか、マージャンを覚えるとそれこそ徹夜も辞さなかったそうである。しかし、マージャンを教えた部下は仲間と一緒に毎晩のように與一の宿舎に呼ばれ、その熱心さに悲鳴をあげたという。何事にも徹底する與一の面目躍如とした烏山頭の生活であった。だが、娯楽の楽しみだけではなく、與一は烏山頭の街に、地元の人たちにもっとも感謝された施設として、病院と学校も建設していた。

学校といえば、現在もある官田小学校は当時、六甲尋常高等小学校として開校したもので與一の子供たちも通学していた。

取材途中、筆者は案内役の徐に連れられて官田小学校を訪ねた。教師の話によれば生徒に烏山頭ダムと與一のことを授業で教えているという。人なつっこい子供たちに、徐を通じて話を聞いてみた。ほとんどの子供が與一のことを知っており、「偉いおじさん。台湾人の恩人」と答えていた。

そして、ここでも私は若い教師から、

「日本人にあまり知られていない八田技師に関心をもつのは大変よいことだと思います。それと、八田技師は政治とはなんの関係もない日本人で、台湾人のためにあれだけのダムを造った人物です。日本人はもっと関心をもつべきですね」

このような辛口の言葉を投げかけられた。確かに、與一のことは筆者を含めて、大方の日本人が知らない無名の人物である。筆者も取材という機会がなければ恐らく八田與一の業績を知ることもなかったろう。しかし、與一のことを知るに従い、明治男の気概を思い知らされたのである。

現在、一〇〇人余りが通学する官田小学校のあるこの街は、六七年前、今よりも栄えていたという。なにしろ二〇〇〇人からの人たちが生活していたダムの街が烏山頭であった。電気や鉄道など間近で見ることなど考えも及ばなかったその烏山頭に、電気が灯り、工事用の鉄道が敷かれたのである。それこそ、地元民にしてみれば驚天動地の出来事であったろう。また二〇〇〇人からの人間が生活していた街がいかに大きなものであったか、当時台南州でもっとも大きな都市の台南市の人口が八万五〇〇〇人であったことと比較しても、地元民が驚いたことは想像に難くない。

ここであらためてもう一度、烏山頭ダムの築造目的を記してみることにする。

「本事業は台南州下に於て旱魃、排水不良等に苦しみつつある看天田、蔗園其の他土地十五万甲に対し、灌漑排水の設備を施し、水稲、甘蔗其の他農作物の増加を図らんとするもので、水源を台南州下の曽文渓及び台南台中両州の境を走る濁水渓に求め、曽文渓の引用に就いては官田渓を締め切り、堰堤を設け一大貯水池とし、最大流量毎秒一千八百立方尺、延長約一里の隧道及び暗渠に依って烏山嶺を貫き、曽文渓の上流より渓水を導き、官田渓流域の雨水と共に貯留し、必要に応じて水路へ流出せしめ給水する方法を執り、濁水渓に就いては台南州斗六郡刺桐庄の同渓護岸に取入口を設け、川路に依って渓水を其の儘引用することとし、毎年三分の一即ち五万甲づつ夏季水稲作、甘蔗作及び雑作を為さしむる所謂三年一回の輪換作を行ひ、主として水稲及び甘蔗作輪番地域に対し適当の給水を行ふもので総工費四千二百万円で大正九年度以降六カ年継続事業とした。

而して本事業に対して政府は水利事業計画を変更し一千二百万円を補助し、残余は受益関係者に負担せしむることにした」

引用資料は『台湾治績誌』で、発行は昭和十二年（一九三七）になっている。烏山頭ダムの概要と築造目的はこの資料で大方は理解できるが、刊行されたのはダムが完成してから七年目である。また詳細に読み込んでいけば、この概説資料は事業計画が総督府から認可された一九二〇年（大正九）七月の数字を使っていることが分かる。いずれにしろ嘉南大圳の大工事は、広く全島に知れわたっていた。

七人家族

「大正」時代も残すところわずか一年という一九二五年（大正十四）の春は、與一が烏山頭に転勤してから四年の月日が経っていた。子供二人が宿舎で生まれ、七人家族の八田家は毎日が大にぎわいであった。外代樹は家事に、育児にと、それこそてんてこ舞いの毎日を送っており、子供のうち三人は六甲の小学校に通学していた。当時、尋常小学校一年生に上がったばかりの長男の晃夫が烏山頭時代を述懐する。

「親父は毎日仕事仕事で勉強などみてくれたことはありませんでした。その分、母が家事の合間に勉強を教えてくれましてね、それにしても、あの時代は勉強より遊ぶことに夢中でしたよ。学校から帰ると友達と、よくダムの近くに行って堰堤を眺めてましたが、蒸気機関車の印象が一番強かったですね」

八田家には八人の子供が生まれたが、この時代はまだ五人で、晃夫は二人兄弟の長男。台湾にいたのは中学校までで、高等学校と大学は東京であった。また、両親と一緒に生活したのは尋常高等小学校が最後で、中学からは下宿生活であった。台北、東京と下宿生活では相当賄い費もかかったことだろうが、当時の與一の月給はどの程度のものであったのか。

與一は総督府をいったん退職して嘉南大圳組合で、今日いうところの出向という身分で働いていたわけだが、俸給は総督府の号俸にスライドした待遇を組合から保証されており、高等官四等技師と同等の年俸と辺地手当が加給され、年俸は六〇〇〇円であった。月給に直せば五〇〇円である。

一九二六年（大正十五）当時の米価は内地米六〇キロが四円で清酒二級が五〇銭。葉書が一銭五厘。台北―高雄間の急行一等車の料金が二円六〇銭。また、基隆―神戸間の台湾航路の一等船室が六〇円であった。與一の年俸六〇〇〇円は、物価の安い時代だけに相当な高給で、晃夫の一カ月の賄い費など八田家にしてみれば大した負担ではなかったようだ。

また晃夫は後年の東京帝大時代の下宿生活を懐かしんで話してくれた。

「昭和十六年といえば太平洋戦争が始まった年ですが、その時代に家から仕送りは一カ月百円でした。その他、臨時に送ってもらう金もありましたが、授業料と下宿の賄い費を合わせても一カ月三〇円もあれば生活できた時代です。カフェーやミルクホールにもよく行ったもので、学生としては随分と恵まれた生活をしてました」

昭和十六年（一九四一）当時といえば、與一は総督府の高等官二等の勅任技師になっていた。当然、年俸も増えて一万円を超えていた。月給八〇〇円余の中から一〇〇円の送金はそれほど八田家の家計を圧迫することもなかったのだろう。それにしても、戦前の八田家は経済的に恵まれた生活を送っていたことが晃夫の証言からも窺い知れる。

烏山頭に電気や水道が引かれた二〇〇〇人の街が生まれ、住民は生活物資も購買部や市場で手に入ったので台南や嘉義に買い出しに行くこともなくなり、安心して仕事に打ち込むことができた。といっても、悩みがないわけではなかった。それは、ハマダラカの大量発生によるマラリアの流行であった。

当時、台湾人には特効薬のキニーネを飲む習慣がなく、またキニーネには独特の臭気や下痢という副作用があるため飲用を嫌がっていた。そのため、與一は作業員のマラリア禍を予防するためにだいぶ苦労したようである。なにしろ、作業員が寝込んだり、辞めてしまったら工事が進まないのである。それに、キニーネの飲用についてはこんなエピソードも残されている。

「研究所の森下博士がマラリアの研究を盛んにやられている時代で、烏山頭の蚊を採って研究するというのでお互いに蝋燭を渡されまして何時間か部屋を密閉して、死んだ蚊を持って行きまして、それを調べて分類しましたが、五種類とか、六種類のマラリアの蚊がいましてね。それを研究されたことがあります。その結果マラリアに罹っているのを減らさなければならないと云ふので毎月一の日とか、五の日にはキニーネを飲まさなければならなくなつて……

キニーネは御承知のやうにおかしな反応を現す事がありまして、それを極端に嫌ふ人があって、キニーネを飲まされるんだったら辞職するといふ人もありました。そんなとき八田さんは障碍があるからとか、副作用があるから嫌だなどと言ふ奴は辞めてしまえと云ふ見幕で怒ってました。そして、強制的に飲ますんです。何といつても信念の強い人でしたからね」（「水明かり」）

中研、官房調査課

ここで阿部貞壽が語っている研究所とは、総督府付属の中央研究所のことである。中央研究所は、総督府が開設した日本内地にもなかった「熱帯学」の分野を専門に研究する施設で、現在台湾政府の教育部（日本の文部省に相当）の建物が建っている場所に一九〇七年（明治四十）九月に開所された。総督は第五代の佐久間左馬太の時代であった。

研究所は戦前、熱帯医学の研究では数々の業績を残し、なかでも寄生虫学者の横河定、毒蛇研究の山口謹爾、マラリア駆除の前出の森下薫や富士貞吉などの気鋭の学者が活躍した。衛生、化学、農学、醸造の各部が置かれ、研究テーマは医学のほかに農業、糖業、茶業、林業などの分野の害虫の研究などであった。ほかにも草木の植生調査などを手がけていて、亜熱帯、熱帯地方に関する基礎研究の分野では当時、最前線の研究機関であった。

また調査研究機関では、與一も出張の際に資料提供などでよく世話になった「総督府官房調査課」のフィールドワークの南支南洋地域の調査研究が抜きんでていて、総督府の調査課の将来構想は「満鉄調査部」を目指していた。調査課が最盛期の昭和十年代には、フィリピン、英領北ボルネオ（現インドネシア）、英領マレー半島（現シンガポール、マレーシア）、シャム（現タイ）、仏領印度支那（現ベトナム、カンボジア、ラオス）、蘭領印度（現インドネシア）、ビルマ（ミャンマー）、中国など東南アジア全域を調査対象にして、各地域の宗教、民族（民俗）、資源、言語、気象、地勢などの研究が進められていた。

この二つの研究・調査機関は、前者を後藤新平がつくり、後者は後藤新平のアイデアを下村長官が実現したといわれている。また、これら二つの調査・研究機関に働く研究者や事務官は二十代後半から三十代の若手が中心になり、めざましい成果を上げていた。それには、若手の斬新なアイデアや発想を思う存分に生かせる理解ある上司がおり、仕事は組織や人事に関係なく、発案者に自由にやらせるという環境があった。

しかし、官房調査課の仕事も、太平洋戦争開戦直前の時代になるとそのすべての業務が、総督府の外郭団体として発足した「南方協会」に移管され、調査内容も軍事色が濃くなっていく。とくに、陸軍の参謀本部直属の「台湾研究部」とつながりが深くなった南方協会は軍の協力機関になったのである。

元総督府調査官の職にあった佐多則昭は当時を回顧して次のような一文を遺している。

「……当時はすでに北に南に膨張する大日本帝国の姿は、台湾にも投影されていて、猛虎の如き軍の威光を体して、台湾の南方調査の意向は、軍事的開発、軍略軍政的利用をその裏に秘めた質のものに向けられていたことはいうまでもない（以下略）」

軍に対しては、日本内地から離れていた台湾といえども、その特殊性を生かして総力戦を戦う国策に、官民が協力することは当然といった風潮であった。言い換えれば、與一が設計した烏山頭ダムにしても、完成後は本人の意思とは関係なく、米の増産は間接的に日本内地に輸出することで総力戦に協力したといえるのである。

座右銘「他利即自利」

閑話休題。官民協力の総力戦体制はこの先まだ時間がかかるので、後述するとして烏山頭ダムの「八田一家」について検証していくことにする。

現場には八田一家とでもいう雰囲気があった。それは與一をボスに、有能な部下が八田一家を支えていたのである。職員録を繰ってみると、次のような人物が目につく。まず、與一と渡米した機械掛長の蔵成信一、作業員を監督する監督掛長の白木原民次、機械掛長の市川勝次、それに堰堤掛長の阿部貞壽、土木掛長小田昭三、病院長松浦保、裏方で対外的な交渉から事務全般を仕切っていた檜垣元秀などである。裏方の檜垣を除き、これらの部下はみな、三十代の技術者ばかりで、ボスの與一に全幅の信頼を寄せる者ばかりであった。その理由として、與一を土木技術者として一流の人物であることを部下たちが認めていたこと、與一が日本人、台湾人の作業員と分け隔てなく接し、人事や昇給などに私情を交えなかったことなど、トップとしての管理能力に優れていたことが挙げられる。與一の座右銘は「他利即自利」であったという。

與一は他人には優しく自らは厳しく処する人間であったが、だからといってガチガチの理屈屋ではなかった。なにしろ二〇〇〇人からの住民のボスなのである。それに、土木現場は喧嘩に博打はつきもので、與一も作業員の宿舎で彼らを相手に花札によく興じていたというから、そのへんの人心掌握術もお手の物であったようだ。八田一家が造る烏山頭の現場はどこもかしこも夜遅くまで煌煌《こうこう》と明かりが灯り、徹夜作業も当たり前であった。隧道と堰堤工事は、日一日と完成に向かって進んでいく。現場は機械と人間と土砂の織りなす壮大なドラマである。

大正も一年を切った十五年（一九二六）早々、本堤の基礎部分が着工以来六年の歳月をかけて一キロの長さに一二〇万立方メートルの盛土を積み上げ完了した。ようやく三分の二の堰堤が現れたのである。しかし、土堰堤はまだ土締めが終わっていないので、近くで見ると凹凸が目立った。とはいえ、堰堤の側に立つと目の前には土の壁が迫ってくるほど、重量感のあるセミ・ハイドロリック・フィル・ダムの姿が立ち働く作業員を圧倒していた。また、台形全体の三分の二が完了したということは、まだダムの喫水線が隠れる高さまでしか盛土が完了していないということで、残り三分の一の盛土が残っていた。

大内庄の採取跡

しかし、一九二〇年（大正九）九月に鍬入れ式がおこなわれて以来、六年の歳月は與一にとって、長いようで短い時間であったようだ。その間に事故や工期の延期、そして予算獲得の交渉あるいは人員整理などがあり、現場の環境は決して穏やかなものではなかった。それこそ目まぐるしく変化したのである。基礎部分が完了した一月、現場は一日休んでささやかながら集会所で内々のお祝いをした。その夜、宴も終えて大方の職員が家路についた後、與一は一人、現場の南面にある丘の上に造られた、高さ二〇メートルの見張り所の一つに登って堰堤を眺めていたという。その場所が與一の座像の置かれた見晴らし台であった。

ところで、築堤に必要な盛土の土砂と玉石を採取した大内庄だが、現在その場所の一部は川砂の採取場になっている。かつて鉄道が引かれた軌道敷きはほぼ直線の舗装路になり、先は烏山頭まで延び、道路に平行して分線のコンクリート製給水路が造られている。この給水路は、網の目のように造られており、至る所で目にする。だが前出の徐が話していたように、今日では米の減反政策で通水されることが少なく、雑草に覆われている地区が多かった。

展示の蒸気機関車

当時の採取場の現場写真には、二台のスチームショベルがバケット一杯に詰まった土砂をエアーダンプカーに落としている構図がある。連結されたダンプカーは土砂の積み込みを待っており、現場ではショベルのガチャンガチャンという歯車とチェーンの擦れる音、それにダンプカーの連結器が左右に揺れる鉄の軋んだ音、そんな機械音が人の声をさえぎって一日中あたりにこだましていたのだろう。また、側に立っている人間と比較してみると、一〇㌧のエアーダンプカーの大きさがよく分かる。一〇両編成を牽引するのがドイツ製の三軸蒸気機関車である。ここでは、なんといってもアメリカから輸入した機材が活躍しており、日本製の二軸機関車は他の現場で物資の運搬などに使われていた。

また、機関車といえば與一の座像が置かれた近くに嘉南農田水利会が記念保存している一台の蒸気機関車がある。説明板に書かれた要点を記してみると、

製造国・比利時。重量・一二・五公頓。主要規格・行車速率一九―二五公里／時。使用時間・民国九年至民国十九年。使用鐵路・烏山頭水庫至隆田窄軌軌距鐵路。用途・建築材料及人員輸送。

ベルギー製の一二・五㌧の機関車は、一九二〇年（大正九）から三〇年（昭和五）までの間、軽便鉄道

烏山頭に展示してある蒸気機関車

が敷かれた烏山頭ダムと隆田の間を、時速三五キロから四六キロで建設資材や人を乗せて走っていた。

まあ、こんな説明になるのだろうが、この機関車は当時、現場で使われたものを保存しているわけである。しかし、この機関車がベルギー製とすると、どうも輸入機材のリストと合わなくなってくる。

当時輸入した蒸気機関車は、リストによればドイツ製のみで、他の一三・五トンと一〇トンの四台は日本製であった。それに「隆田」は、今日の駅名で当時、縦貫線の駅名は「番子田」であった。ともあれ、機関車の来歴や駅名よりも農田水利会が、七〇年以上も前に使われた歴史遺産を発掘し、烏山頭ダムの築堤の歴史を告知していることにこそ意義がある、といえるのではないか。

保存機関車の四、五倍の力をもつ三軸ボギー五六トンのドイツ製蒸気機関車は一二台輸入し、現場では主にエアーダンプカーの牽引と勾配のきつい濁水渓線で資材の運搬に使っていた。大内庄と烏山頭の間には本格的な一〇八〇ミリの狭軌のレールが敷かれており、一〇両連結の蒸気機関車は工事が進んでくると毎日、一三キロの区間を二〇往復するまでに効率を上げている。そして與一は一日一回は土砂を満載したエアーダンプカーの上に乗って現場を往復したという。もちろん、蒸気機関車の運転は教習して鍛えた台湾人や日本人が操作した。この頃にはスチームショベルをはじめ、すべての土木機械の操作は彼らが習熟していた。

與一は、往時、作業員が初めて見る機械に尻込みし、操作などとてもおぼつかなかった時代があったことを、エアーダンプカーの上で思い出していたのだろうか。そんな時の與一の表情はなんとも穏やかだったという。一編成一〇〇トンの土砂を運ぶダンプカーは当初、一日二往復で二〇〇トンの土砂を堰堤に運んでは盛土していった。しかし、二〇〇トンの土砂など盛土したところで堰堤の形ができ上がるわけではない。総量二九七万立方メートルの土砂は想像をはるかに超えた量であった。毎日毎日、ダンプカーの行列が吐き出す土砂の上に、ジャイアントポンプから射出する水で盛土が少しずつ堰堤の形を造り、その上をスプレッターカーが土締めをしていく。作業は至って単純であった。

だが、セミ・ハイドロリック・フィル工法の基礎は、なんといっても盛土と射水の反復作業なのである。この基礎工事がしっかりしていないと水圧で堰堤崩壊の事故がよく起こる。そこのところを技術者として熟知している與一の眼は確かに厳しかった。一日一回のダンプカーの上乗りへの目的は、実は自身の眼による盛土の診断であった。三分の二の盛土が完成した堰堤を眺める與一の感慨もうなずける情景ではないか。

これからの工事は、堰堤の仕上げと送水隧道、それに送水塔の建設と送水口の取り付けである。烏山頭の街の灯が消えることはなかった。

第八章　地球を半周する給排水路

戦後、土木業者の団体である社団法人「土木工業協会」が戦前の外地における建設事業を概括した『日本土木建設業史』を刊行した。その「台湾」の項に当時の技師たちの座談会の記載がある。この中に嘉南大圳についての話があるので紹介してみる。

「**西田**　嘉南大圳は、現場の所長は八田與一。平井さんと同期です。それで、三三～四年（一九〇〇～〇一）のときに立案して、そして実現したのが大正九年（一九二〇）着工、昭和五年（一九三〇）完成した。最初が四五〇〇万円の予算、そのうち八〇〇万円を機械にかけた。それが増えて八〇〇〇万円くらいになっているんですけれど、これを今で見ると二千倍みなければいかんから、一六〇〇億になります。

松尾　一六〇〇億ということであれば、これはやはり嘉南大圳に附随する水路から改田からいっさいを含んでおりますね。

飯吉　それで僕が調べたのを申し上げますと、ダムは一八五尺《ママ》（五七メートル）で、セミハイドロリック・アースフィル・ダム。これは日本で初めてで、今もないんですが、延長九一kmの幅一八kmの土地に灌漑し、それから七二八〇《ママ》kmの給水路、主に灌漑排水、台南州一帯のためですから、延長五四〇〇《ママ》kmの排水路を通して台南州一帯、非常にいい平野にしようというのです。このダムは現在でも東洋でただ一つのこういう形式のものです。この工事は大正九年から約一〇年の歳月を費やして昭和五年に完成したと書いてあるのです。ダムの実施にあたっては半官半民式の組合工事なんです。大半を直営式にしたけれども、隧道とか水路は請負にしたことになっています。

西田　渓水地域、あれは珊瑚みたいに見えるので、下村民生長官が珊瑚潭という名前をつけたんだが、これを丹念に調べた人がおる。三六里（一四四キロ）あるそうです。それほど大きくはないんですけれども」

「灌漑用ダムで発電用ではない」

出席している人たちは当時、間組、清水組、それに藤田組の台湾事業所で働いていた技師である。数字には記憶違いもあるが、発言者は嘉南大圳の全体像についてほぼ正確に覚えていた。また、この建設業史は当時の外地の事業について実務者が語っている貴重な記録で、土木関係の編年史としては唯一のものといえる。飯吉は座談の中で給排水路の延長を一万二六八〇キロと語っている。正確な数字は一万五四二一キロなのだが。それにしても、戦前の台湾の土木事業を語るとき必ず取り上げられる工事が烏山頭ダムなのである。

総延長一万六〇〇〇キロ、地球を半周する距離である。一五万甲歩の土地で、米を主体にした農作物を

現在の曽文渓水橋・橋脚

生産するために與一が考案した灌漑方式が三年輪作給水法である。水門を造り、防潮堤を建設し、給水管を渡す橋も造り、さらに幹線から支線へ、網の目のように分水路が一五万甲歩の農地に広がっていく。この気の遠くなるような工事を、與一ら技術者はどのようにして進めていったのか。それと、一九二六年（大正十五）二月に始まった堰堤の本工事についても、触れねばなるまい。

堰堤では、五台のジャイアントポンプが、まるで出初め式の消防ポンプ車が放水するように、土砂に高圧の水を叩きつけている。最大馬力のポンプは放水口一二インチで四五〇馬力である。直径三〇センチの放水口から射水される水のパワーは大したもので、一〇メートル離れた場所で二トンの石を跳ね飛ばすだけの水圧がある。現場では放物線を描く射水が太陽の光を反射して虹をつくり、作業員の目を和ませていた。

二月から始まった本工事は、送水隧道と送水塔、そ

放水路から岐れる南北幹線

れに送水口の取り付けである。なにしろ烏山頭の工事は至る所にトンネルを掘るのである。本工事でも、まず堰堤のどてっぱらをぶち抜いた長さ三二五メートルもある排水隧道を送水隧道に転用する工事であった。これは、貯水水面下八〇メートルの堰堤の中心コンクリートコアの下にバルブ室を設け、貯水池の給水口とプールの送水口とをジョイントするトンネル工事なのである。八〇メートルとは、基底からさらに二四・五メートルも掘り下げた場所にバルブ室を設ける工事であった。

前述したように、バルブ室に設置されたバルブはニードルバルブと内径二・七メートルの巨大なバタフライバルブであった。バルブは要になる装置で、給水口に取り付けられた内径二・七メートルの鋼鉄管と送水口に取り付けられる内径一・八メートルの鋼鉄管の水圧調整に用いるものである。送水口の先には水のエネルギーを緩和するプールが造られていた。そして、プールに貯水された水はここを起点に灌漑用水となり、全長三キロの水路を流れて第一水門から南北の幹線に導水される。その先は支線、分線と網の目のように張りめぐらす水路を與一は設計したのである。

しかし簡単に設計といっても、灌漑面積は香川県の広さに匹敵す

北幹線の水門

る一五万㌶である。また、その広大な農地に万遍なく水を供給するとなれば、正確な測量と精密な図面が絶対必要なのである。與一がもっとも頭を悩ました問題はやはり測量であった。

「はじめに」で触れたが、嘉南大圳平面図には赤とブルーで色分けされた幹線と支線の給排水路が、北の濁水渓から南は曽文渓を横断して新化の辺りまでびっしりと書き込まれている。その範囲は、当時の縦貫線に沿って台南、新市、善化、番子田、新営、水上、嘉義、斗南、六斗の西側一帯である。そして、台湾海峡に面した河口近くには、黒で防潮堤の「潮止」が書き込んである。二〇万分の一の平面図を見ただけでも、給排水路の長さと入り組んだ設計は驚嘆するばかりである。

給排水路は烏山頭ダムの北側から北港渓以南の五万六〇〇〇甲歩に導水する北幹線とダムの南側四万二千甲歩に導水する南幹線、それに濁水渓から取水した水を北港渓以北五万二〇〇〇甲歩に導水する濁幹線の三本がメインルートになっていた。また、そのスケールを北幹線で見てみると、平均幅一二・八五メートル、深さ四・二一メートルの総延長四七・四二キロの開渠と暗渠とで幹線は造られている。そして、灌漑用水が幹線を通り支線から分線に導水されるまでの間には、なんと分水門をはじめ、給水門、余水吐、暗渠、落水工、水路橋、鉄道橋、車道橋、歩道橋など二〇〇以上の構造物が造られたのである。

　この三幹線の工事は支線・分線工事と同じく、もっとも早い時期の一九二〇年（大正九）に着工されていたが、なにしろ総延長は地球を半周する長さである。そのため工事はもっとも時間がかかり南北幹線が完成したのは一九三〇年（昭和五）十月であった。堰堤の本工事が始まった二六年（大正十五）二月時点での工事の進捗率は、幹線が五五％で、支線・分線は四八％にとどまっていた。水は高きより低きに流れるのが自然の理。では、一五万ヘクタールの耕地にどのようにして一万六〇〇〇キロメートルの水路を造っていったのだろうか。残念ながら完成した水路を視野に入れることは不可能で、その雄大さを確認することはできない。

　次いで、烏山頭ダムに貯水される一億五〇〇〇万トンの水だが、その水はどのようなルートを通って農地に導水され、排水されていくのか事業概要に見てみる。

烏山頭貯水池（曽文渓・濁水渓より取水）

送水口

←

放水口

←導水路←三幹線（南北幹線・濁幹線）←支線←分線←給水路←補助給水路←耕地（水田）←補助排水路←排水路

曾文渓水橋の上部

← 河川・台湾海峡

海抜二六三メートルの位置にあるダムから送られた水は、それこそ紆余曲折しながら以上のようなルートを通って、最後は川と海に排水される仕組みになっている。烏山頭ダムから台湾海峡までの距離は直線で約二〇キロだが、農地に給水される水はこの何十倍もの距離を旅して行き着くわけである。それも、均等の水量が行き渡るのである。いろいろな仕掛けを造り、三年輪作給水法を実現させるためには何といっても水路の精密な測量であった。

現在では、レーザー光線を利用し、計算は携帯用のコンピューターを使った測量技術が開発されているが、当時は光学式の測量器と巻き尺、それに計算は手動式のタイガー計算機か、携帯式の計算尺を使っての測量であった。しかし、基本は今も昔も三角測量に変わりはない。

曽文渓水橋

現地で測量が始まったのは、ダムの起工式が始まる一年前の一九一九年（大正八）秋で、水路の測量は二〇人からの測量士と助手を動員して集中的に行われている。肝心なのは水路の高低差をきちっと測量することで、最初は幹線から始まり支線、分線と測量範囲が広がっていく。そして、精密な測量図が完成するのは工事が始まってから二年後であった。

與一は測量が始まった当初は部下と共に原野に建てた測量小屋に泊まり込み、陣頭指揮を執ったというから大した気迫である。なにしろ、測量小屋は風土病がはびこる原野に建てられたのである。それに小屋での作業は徹夜も多く、漆黒の闇に石油ランプの灯りがいつも絶えなかったという。

今日、一枚の測量図も残っていないが、作図したのは数千枚といわれ、コピー機などない時代の複写はすべて手書きであった。また、トレーサーには手先の器用な台湾人を図工として抜擢した。これらの若者たちは後に測量士として育っていくことになる。また、この水路工事は組合直轄事業でやっており、三幹線の現場監督には特に與一が指名して三人の部下を付けていた。

また水路の掘削と平行して各種の構造物が造られていくが、その規模が半端な大きさではなかった。例えば、南幹線の導水管を曽文渓の対岸に引くために造られた最大の水路橋は上下二段式で、下に導水管を通し上には幅員六・三メートルの縦貫道路を取り付けている。全長三三五・七メートルある橋の構造は鉄骨のワーレントラス式を採用し、九本の橋脚はスパン三六メートルで水面上の高さは九・三メートルから一八・三メートルであった。まさにそのスケールは鉄道橋並みであった。

それと、北幹線の最終排水路に造られた新店防潮堤防は長さ四・六キロ余りで、取り付けられた三連の排水門は與一の考案による自動排水門であった。この排水門は各防潮堤に取り付けられており、潮の干満時間に合わせて自動開閉する優れ物なのである。また、水路を維持管理するための設備として、水路の沿線には監視所や架台に置かれた電話設備も完備していて、一万六〇〇〇キロの水路のどこかに異常が発生した場合、直ちに組合本部とダム管理所との間で連絡がスムーズに取れる専用回線まで設備したのである。その数、監視所四六カ所。電話設備は三六二台であった。

水路の完成率は一九二六年（大正十五）二月現在、幹線で五五％、支線、分線で四八％であったが、秋を迎える頃になると、五〇％が完成していた。しかし、この年も押し迫った十二月二十五日、大正天皇が四十八歳で崩御するという大事件が起きている。天皇崩御でまず行われた儀式が葉山御用邸内での践祚《せんそ》の式であった。そして、式が終わると元号も大正から昭和に改元され、摂政宮裕仁親王が二十五歳で皇位を継承した。昭和元年は七日間であった。新聞は改元を次のように報じた。

「元号は『昭和』本日詔書発表

本日左如く詔書発表された

朕皇祖皇宗ノ威霊ニ頼リ、大統ヲ承ケ萬機ヲ統ブ。茲ニ制定ニ遵ヒ元号ヲ建テ、大正十五年十二月二十

台南州庁

五日以後ヲ改メテ昭和元年ト為ス」（東京日日・十二月二十五日付第二号外）

明けて一九二七年が昭和二年で、実質的に昭和の時代は二年から始まったといえよう。新帝が即位して昭和の時代が始まったが、官公署は喪に服すため十二月は崩御の翌日から引き続き、二年一月三日までの間は仕事休みとなっていた。もちろん、ここ烏山頭の工事事務所も半旗を掲げ、工事が始まって以来の長期の休みが続いたのである。與一ら埤圳組合の幹部が弔問記帳のため台南市に置かれた台南州庁に出向いたのが十二月二十八日で、御用納めの日であった。

また、州庁に出向いた幹部たちの服装はモーニングにシルクハット、あるいは袴を付けた正式の和服姿であった。與一はモーニングを着て出かけたという。

いつもは二〇〇〇人からの人間が働いている現場は、九日間は機械の音ひとつなく森閑としていた。徹夜作業の連続であった作業員たちにはいい骨休みになったと思いきや、日当で働く作業員にとっては九日間の減収になる。しかし、與一は作業員の九日間の休みを「公休」扱いにして日当を支払ったというから、管理者としても労働者を使う術を心得ていたといえる。

当時の労働者の日当を前出の『土木建設業史』から引用してみる。

「**飯吉**　台湾と日本とどのくらい労務賃が違ったのですか。

藤村　日本人は世話役（幹部級）で三円八〇銭から二円五〇銭です。それから台湾人の世話役のものは二円五〇銭から一円五〇銭、腕によって単価を違えて払っておった。内地人の号令、鑿岩夫、坑夫等が三円八〇銭～二円五〇銭ぐらい、台湾人人夫は一円三〇銭から九〇銭、最低九〇銭、これは本当にクリー《ママ》だ。すこし技能工、いくらかコンクリートの尻鍬ぐらいやるのが一円三〇銭」

座談に出てくる時代は一九三一年（昭和六）から一九三四年の間で、ダムが完成した後、賃金を話し合っている。しかし、四年という期間の日当であれば、ダム建設中の賃金もおおよそこんなものであったろう。それにしても、台湾人と日本人の賃金差は、平均的な労働者で台湾人は日本人の半分から三分の一が当時の相場であった。これを搾取ととるか、労働者の技量の差ととるか、意見が分かれるところであろう。いずれにしろ、作業員の大半は台湾人で、その数は少なくとも一二〇〇人に及ぶ。平均日当一円三〇銭としても一人一一円七〇銭、総額一万四〇四〇円が支払われたことになる。

年が変わり一九二七年一月四日。この日は仕事初めで喪明けであった。與一は台湾人を含めた現場責任者全員を朝から運動場に集めて、新帝の即位と昭和改元について講話した。そして、式典が終了するとサイレンを鳴らさせ、それが合図になって一〇日ぶりの作業開始となった。現場はどこもかしこも機械がうなりをあげ、作業員たちが忙しく働きはじめた。與一の頭には、すでにこの日のスケジュールがたたみ込まれていた。まず、最初に訪ねた現場は烏山嶺隧道であった。難工事の連続で工程がだいぶ遅れているため、気がかりな現場の一つであった。というのは、隧道の完成率は一月現在でまだ、五五％に過ぎなかったからである。しかし、その後は昼夜兼行で急ピッチに工事は進んでいくことになる。

また、隧道工事についで心配なのは水路工事であった。なにしろ、地球を半周する規模の工事であるため、現場を見て回るといっても途中、工事小屋で何日か寝泊まりするといった視察なのである。一五万㌶という土地はなにしろ広大なものであった。

三年輪作給水法

與一はここで、三年輪作給水という限られた水資源を有効活用するための「輪流灌漑」を採用した。この方式は灌漑区域を五〇㌶の小給水区に分けることから始まり、ついで三倍の一五〇㌶に給水した。小給水区には一年ごとに水稲、雑作、サトウキビを輪作して小区ごとに各作物の栽培時期をずらし、一五万㌶の耕地で三年に一度、組合員は必ず水稲栽培ができるという給水法を與一は考案したわけである。

このように、一五万㌶の土地に三年に一度、稲作を実現するために、一万六〇〇〇㌖の水路を造り、水をコントロールするために各種の構造物を設置した。また、この水路が三幹線でできていることは先述した通りで、もっとも早く完成したのが北港渓以北の五万二〇〇〇㌶に給水する濁幹線で、一九二四年夏に通水し幹線水路の延長は三〇・八七キロであった。それと、支線に分水するまでの間に造られた分水門、余水吐、落水口、暗渠、水路橋、鉄橋、車道橋、歩道橋などの構造物は七十数カ所造られていた。

これら構造物を見学する機会があり、筆者は徐に案内されて水路橋や鉄道橋、それに防潮堤に造られた自動排水門などを見て回った。いずれの構造物も隧道や堰堤と同じく、完成から六〇年以上も経っている。だが、これらの構造物は錆びたり補修した個所があるものの、現在でも立派に役に立っている。なかでも縦貫線が通過する鉄道橋やひっきりなしに車が往き交う道路橋の強靭さをみて、あらためて一〇〇年を見越して設計した與一の先見性に、ただただ感心するばかりであった。

支線から分線に水を分ける水門

　また、新店に造られた北幹線の防潮堤は長さが四キロ以上もあり、そこには三連の自動排水門が設備されている。排水門に打ち寄せる海水は台湾海峡の海水で、コンクリート製のゲートの鉄枠はさすがに腐食して交換されていたが、それでも四キロ以上もある防潮堤は建設当時のままだという。烏山頭ダムに貯水された水が、堰堤地下の導水路を通り放水口に排水される。そして、三キロの水路を通過した水は第一水門で南北に分水され、北幹線を通った水の最終排水口が、この台湾海峡に面した新店の自動排水門である。どれだけの距離の水路を通ってここまで旅してきたのだろうか……。

濁幹線と支線、分線、それに付属設備は一九二四年（大正十三）に完成したが、南北幹線は一九二七年（昭和二）一月の段階でまだ六〇％が完成したに過ぎなかった。ほかに、支線、分線、付属設備の工事も残っていた。ここにきて、また與一の心配の種が増えるのだが、それでも現場はどこもかしこも徹夜が続き、それこそ〝八田一家〟あげての工事が進められていた。なにしろ、長期の工事である。

與一が烏山頭に赴任して早くも七年の年月が経っていた。次男の泰雄が八月に誕生、子供もまた一人増えた。長女の正子は八歳になり、次女の綾子が六歳、三女浩子が三歳、四女嘉子が二歳、そして長男の晃夫が七歳であった。とりわけ晃夫は、ダムと共に成長してきた子供であったわけだ。

ところで、與一と共に故郷の金沢を離れ、台北、嘉義と移り、そして、烏山頭の宿舎で生活を始めた妻の外代樹は、この時期どんな環境にあったのだろうか。泰雄が生まれた年に外代樹は二十五歳になっていた。この歳で六人の子持ちである。とはいえ、烏山頭で働く二〇〇〇人の人間プラス、家族を入れた二三〇〇人からの〝八田一家〟の、いわば内を切り盛りする姐さんである。さぞかし威勢をもっていたのではないか。先出の晃夫は母親について語っている。

「女同士、隣近所の付き合いはあったと思いますが、家を出ることは少なく、子供の世話と食事の支度で一日が終わっていたみたいです。なにしろ子供が多い家族でしたから。それと、夜になると家にはよく人が寄ってましたが、お袋はお茶や酒の支度をするとすぐ下がって、子供の相手をしてました。当時の女は男の席に同席するなど、ない時代でした」

外代樹は家庭的な婦人というか、二十五歳の若さながら一人で六人の子供を育てるほどしっかりした女性であったようだ。また、写真で見ると外代樹は美人であった。晃夫は母親についてこうも語っている。

「お袋は若くして親父と一緒になり、十六で台湾に渡ってきましたが、親父の兄さんが亡くなったときも金沢には帰らずじまいで、私の知るかぎり故郷には一度も帰らなかったと思います」

親父の兄さんとは外代樹を與一に紹介した次兄の智證で、次男の泰雄が生まれる一カ月前の一九二七年九月二十二日に胃癌で亡くなっている。この時、與一は単身帰郷したが、外代樹は身重の体であったことが帰郷を躊躇させたようだ。それにしても、台湾生活に慣れたとはいえ、九年間、一度も両親の許に帰っていないというのは、芯の強さもさることながら、與一に全幅の信頼を寄せていたのだろう。夫唱婦随の夫婦像が浮かんでくる八田夫妻である。

烏山頭のダム工事と水路工事が昼夜兼行で進められていた一九二七年三月、先述したように震災手形の処理につまずいて日本内地で金融恐慌が起きた。そして、ここ台湾でも発券銀行の台湾銀行が総貸付額の七割を融資していた鈴木商店への新規貸し出しを停止したため、鈴木は経営が破綻し、そのあおりで台銀の内地四店舗は休業した。しかし、台湾では総督府の肝煎もあり、島内一五支店は休業もなく窓口を開いていたので、庶民の取り付け騒ぎは起きなかった。

だが、同じ植民地でも朝鮮の京城では事情が違っていた。それは、京城市内の銀行が相次ぎ休業したため、預金の引き出しや小切手の換金ができないという事態が生じたのである。このように、植民地をも巻き込んだ経済動乱が昭和初期の日本を襲い、内地では職人、職工の賃金未払いも起きて、庶民は塗炭の苦しみを味わっていた。しかし、台湾での庶民生活はさほど影響もなく、もちろん烏山頭での賃金未払いなどはまったくなかった。組合の取引銀行は台湾銀行である。組合の出納責任者は当然、台銀の内地支店の事情は知っていただろう。だが、深刻な事情にもかかわらず安穏としていたのは、組合の資金を総督府が保証していたことに絶対の安心感があったのだろう。

また、資金といえば、工期の延長で大正十三年（一九二四）度の総事業費が当初の予算より六一六万三〇〇〇円増額され、四八一六万三〇〇〇円になったことは先に触れたが、これから先、工事はさらに延長され、昭和三年（一九二八）度の予算では総額五三四八万円に増額されている。もっとも、この増額された五三一万七〇〇〇円のうち、総督府が補助金として二六六万円を支出していることは、内地の経済動乱を考えると、台湾の経済が潤っていたことを証明しているのではないのか。

その結果、組合と総督府が手直しした主要工事の完成は昭和五年（一九三〇）四月を目途としたのである。この時点で、烏山頭ダムと付帯設備、それに水路の建設費は、総額で当初の計画予算より一二・七％もふくらんだことになる。現在の貨幣価値に直すと軽く三〇〇〇億円を超える金額であった。

喪明けの翌日から、現場は徹夜作業が始まり、與一の生活もまた、元の多忙な日常に戻った。宿舎をいつもの決まった時間に自転車で出ると現場事務所に入り、幹部たちとその日の打ち合わせを終える。その後は日課通りの現場の視察であった。この頃になると、與一の姿は大内庄と烏山頭の間を往復しているエアーダンプカーの上に認められることが多かったというから、その視察は堰堤を眺めることであったのだろう。ジャイアントポンプも五台がフルに稼働し、中空に放水された水は威勢よく堰堤の土砂にたたきつけられていく。堰堤の高さも五〇メートルを超え、長さも一キロ以上に延びていた。築堤工事は順調にはかどっている。しかし、烏山嶺隧道と水路工事の方はまだ、はかばかしくなかった。

なんといっても、烏山嶺隧道は地質の悪さがたたっており、現場は泥土のうえ灼熱地獄である。作業員がいくら頑張っても、切り羽で一日に働ける時間は数時間程度で、そのため切り羽では四交替での作業が続けられていた。その隧道内の様子を、前出の藤江が「水明かり」の中でリアルに語っている。

「その中は非常に暑く、工夫は汗みどろになって脂汗を流して作業を続ける有様で、やっと扇風機を据えつけて換気したのでありますが、殆ど熱風の中で仕事をやったのです」

湿度が一〇〇パーセントに近い最悪の環境の中での作業が続けられていたわけで、そのうえ五年前にはガス爆発で五〇余名の犠牲者を出した現場である。作業は慎重にならざるを得なかった。

水路工事

また、水路工事の方は全長九六キロの三幹線が六割近くが完成していたが、支線、分線は全体の五三%が完成したに過ぎなかった。それでも、八〇〇〇キロ余りの水路が完成したわけで、現場ではさらに作業員の数も増やし、突貫工事が続けられていくことになる。

それにしても、巨大な工事の全容は、現場で働く人間の前にはなかなか現われてくれなかった。だが、全体の工事が着実に完成に向かって進んでいることだけは確かな事実であった。また、その手応えを一番、感じていたのはほかならぬ與一自身であったろう。それは毎日、場所を決めて現場を視察するからこそであった。

ここで、一九二〇年九月に起工された嘉南大圳の主要工事の進捗率を概観してみることにする。

曽文渓取り入れ口設備　三六％
烏山嶺取り入れ隧道　五五％
同出口暗渠　竣工
同出口開渠　竣工
官田渓貯水池堰堤　八五％
烏山頭排水隧道　竣工
同出口暗渠　竣工
同出口開渠　竣工
貯水池余水吐　起工
貯水池送水口　二％
濁水渓水導水設備　竣工

給水路幹線　五九％
給水路支分線　五九％
排水路及び潮止堤防　五一％
工事用動力濁水発電所　竣工

一九二七年（昭和二）秋の時点で、主要設備の進捗率はこのようなものであった。送水口の完成率が他の設備と比較して二％といやに遅れているが、これは二六年に起工した工事であるためであって、工程はスケジュール通り進んでいた。

また、この主要工事の各設備を眺めてみると、前述した曽文渓取り入れ口設備から取水した水の流れがより鮮明になり、嘉南大圳の壮大なグランドデザインがはっきりとしてくる。

土木技術者として、また現場のトップ管理者として、與一はそれこそ神経を張りつめる日々の連続であったろう。しかし、與一の労苦に報いるように、この壮大な嘉南大圳が少しずつ姿を現わしてきたのである。工事は各現場とも徹夜作業が続き、作業員は交代で休みをとるといった状態であったが、日に日に形を現わしてくる現場に、意気もあがり文句ひとつでなかった。もちろん、與一ら幹部も休日返上で現場事務所に詰めていた。それに、設備が完成した現場では、総督府から派遣された検査官立会のもとで、次々と完工検査が行われていた。

検査といえば、検査官が驚愕したのは非常時に使う電話設備である。電話線の架設は早々に完成しており、その長さは延長一三六〇キロに達していた。通話試験は距離のもっとも長いダム管理事務所と新店の防潮堤の間で行われた。声は明瞭に聞え、総督府の電話設備よりも上等な自動電話設備に、検査官は目を丸くしたという。

また、検査官のエピソードといえば、立会いの途中で初めて目にしたロープウェイに「索道検査」という名目で現場監督と同乗したそうだが、そのときもっとも高低差のある場所でケージを停めたところ、検査官は目を回してしまったという。後日譚を聞いた與一は、その監督に真剣な顔をして「小一時間も停めておけばよかったのに」と、目は笑って話したそうだ。

ところで嘉南大圳のスケールだが、水路が張りめぐらされた平野部が香川県の広さに匹敵することは先述した通りだが、烏山頭ダムが築堤されている官田渓より上流の広さはどの程度のものであったのだろうか。『日本土木建設業史』では貯水池の円周が一四四キロより短いと書いているが、正確な実測は周囲一二八キロになっている。しかし、曽文渓、濁水渓の取り入れ口までは組合の用地なので、その面積は合計で二〇キロ×四〇キロの広さになり、ざっと、香川県の半分の面積であった。総計すればダム施設と平野部の面積はなんと、当時の台南州の五分の三を占める広さなのである。

與一がいくら熱心な管理者といっても、これだけ広大なダム施設を、一カ月にそう何度も巡回視察をすることは不可能であった。なにしろ一回巡回するだけで一〇日を要する広さである。それも、巡回コースはほとんどが徒歩でなければ行動できない場所である。道中、工事小屋に寝泊まりするという視察であるだけに、さすがの與一もこの現場視察だけは二カ月に一度のスケジュールであったようだ。

先述したごとく、緊急時連絡用として電話ネットを張りめぐらしたのは設計図の段階からであったが、実際に現場視察をしてみて與一は、自らの設計プランに満足したのはいうまでもなかった。ダム機能を円滑に運用するための補助的手段とはいえ、百年ダムの設計思想はこの電話設備にも表れているといえる。

　また、現場を回るときの與一の服装だが、與一はいつも同じ作業衣に編み上げの短靴姿で、お洒落など無縁と思いきや、たった一つこだわりがあった。それは、舶来のステットソンというブランドのソフト帽を被ることであった。この帽子は渡米したときに買ったもので、與一のお気に入りの品であった。このソフト帽について思い出を語っていたのが、先出の曽文渓の管理事務所で働いている李新福である。

「八田技師はソフト帽がたいそうお気に入りで、どこへ出かけるにも被っていて、遠くから見ても八田技師だと分かったものです。当時、あんなお洒落な帽子を現場で被る人などいませんでしたから、よく目立ったし得意になってました」

　仕事一筋、お洒落など眼中になかったと思われていた與一にも、意外なところにダンディーさがあったようだ。それにしても、身長一メートル七五センチの與一がソフト帽を被れば偉丈夫にも見えたであろう。與一とソフト帽……、なにやらユーモラスな雰囲気ではないか。

　この年、一九二七年も現場の槌音は大晦日まで響いており、仕事は明けて一月四日から始まった。

第九章　神の与えた水

雨露で水稲栽培をしていた「看天田」と呼ばれる嘉南平野。この土地柄を事業概要は次のように説明している。

「農業上台湾全島の胸腹とも謂ふべきもっとも主要なる平原地帯なるにも拘らず、その大部分は古来より水利を得る望みなく主として畑及び看天田として耕作せられ、人工的施設によりて灌漑せらるる土地に至って尠く畑は専ら甘藷と甘蔗及びその他の雑穀との輪作が行なはれ、看天田は天与の雨露によりて辛うじて一年一回の水稲作を営むと雖、旱魃或は豪雨の為その成育を妨げられ、ほとんど満足なる収穫を得ること能はざりし……（後略）」

要するに自然を頼りの農作のため、天候異変が起これば収穫はほとんどなかった、という嘉南平野であった。それを、濁水渓と曽文渓から水を引いて豊饒な美田に改田することが烏山頭ダムの築堤目的で、まさに與一の計画は「神の与えた水」そのものであったといえる。そして、嘉南平野一五万甲歩が改田された暁には、その効果が次のような数字となって表れた。

		工事前	工事後	比較
水稲作	作付面積	一三一六〇甲	五〇〇〇〇甲	三六八四〇甲（増）
	米収穫高	一〇七一六二石	六五六五〇〇石	五四九三三八石（増）
	価格	一五四三〇〇〇円	九四五三六〇〇円	七九一〇六〇〇円（増）
甘蔗作	作付面積	三一四八六甲	五〇〇〇〇甲	一八五一四甲（増）
	甘蔗収穫高	一三七九八九〇石	二八八二六五〇石	一五〇二七六〇石（増）
	価格	六三四七五三〇円	一七八六〇一九〇円	一一五一二六六〇円（増）
雑作	作付面積	八九六八〇甲	五〇〇〇〇甲	三九六八〇甲（減）
	収穫価格	六〇八九三三〇円	七一九一二九〇円	一一〇一九六〇円（増）

全体の作付面積が工事前に比べ一割強増えたが、なかでも稲作面積は三・八倍に広がっていた。なにより も、米の増産に効果が表れており、収穫高はおよそ三万二九六〇㌧の増収が見込まれていた。金額は年間で右表の通りだが、当時の価格で台湾総督府建設費のざっと三倍の金額であった。

しかし、計画した稲作の増産・増収が見込んだ数字に達するのは、ダムが完成した後、六年近くの時間を要することになる。原因は農民が初めて体験する三年輪作給水法による水稲栽培にあった。これまでの水稲栽培は看天田に降る天水を頼りの、いってみれば自然農法での水稲栽培である。それを、三年輪作による計画的な水稲栽培に切り替え、なおかつ長大な水路の維持管理を農民に徹底させる必要があったためである。なにしろ、人工的に農業用水をコントロールして、天候に左右されることなく三年に一度は確実に米の収穫が約束されるという農業に、農民は疑心暗鬼であったこともまた事実である。

水利技師・中島力男

また、神の与えた水を効率的に、かつ漏水を少なく一五万甲歩の農地に万遍なく配水してはじめて、烏山頭ダムの真価が発揮されるわけである。與一は後年、部下であった水利技師の中島力男に次のような話をしていたという。

「一五万ヘクタールの農地に計画通り、配水ができてはじめて烏山頭ダムの建設目的を達することができる。それはダムと水路の関係は車の両輪であって、うまく噛み合わなければ価値は半減する。そのためには、農民の教育と指導が絶対に欠かせない」

この言葉を実践したのが先出の中島であった。彼は一九〇九年（明治四十二）四月生まれで九十一歳になっていたが、身体はいたって健康で、補聴器を使うことと足の衰えを別にすればまだまだ元気で、大分県宇佐市で矍鑠《かくしゃく》として生活していた。中島は一九二七年（昭和二）に東京農業大学農学科を卒業すると、不景気の内地を離れ渡台し、知り合いの伝手《つて》で製糖会社に就職した。その後、一年して埤圳組合に再就職する。当時、もっとも若い水利技師として、現場では水路工事の責任者であった。しかし、技師といっても最初の身分は「技手」であった。中島は言う。

「当時、私は二十四歳。製糖会社からの転職組で、昭和三年十二月に埤圳組合に水利技師として就職しました。それも、いちばん若い技手としてです。それが、今ではいちばん長生きしまして、恐らく烏山頭に関わった人間では私が最後でしょう」

言葉はしっかりしており、記憶も鮮明で七〇年前の烏山頭の思い出が次々と出てきた。そして文字資料と地図を使っての説明がなかなか面白く、なかでも興味深い話は水路工事と農民教育であった。

「私が現場で仕事をはじめた当時は、すでに幹線、支線、分線の通水は始まっていました。しかし、肝心なのは小水路の工事でして、この工事が完成しないと三年輪作が実現できなかったのです。そして、私が担当した仕事は小水路の設計と農業調査全般でした」

水路設計は当然、測量と密接な関係がある。小水路はどの程度の勾配で設計したのだろうか。

「勾配は三〇〇〇分の一。単位は尺ですから九〇〇〇メートルで、一％の勾配でした。一％はほとんど水平に近い勾配で、最初これで流水するか心配したんですが、案ずるより産むが易しで、通水試験をしてみると設計通りちゃんと流れるのです。自分で設計して感心したものですよ」

また、中島は農民指導と教育について話す。

「当時、台湾人も米の作り方は知っていましたが、計画的な水利による米作りは初めてで、そのところを教育するのに時間がかかりました。まず、苗代作りから始まり、田起こし、田植え、施肥、稲の消毒、稲刈り、脱穀、それに農機具の使い方まで教えました。これら一連の農作業の手順を理解させ、納得させるのに時間がかかったのです。月に二度、現場の管理事務所で農民代表を対象に講習会を開きました」

管理された米作――当時、授権農民は九〇万人余りいたという。それらの農民に一年目はサトウキビ、二年目は水稲、三年目には芋や落花生、豆などを作らせる三年輪作のなかで、農民の関心がもっとも高い水稲栽培が三年に一度しかできないという理由を理解させるのに、現場の水利技師はいちばん苦労したようである。それに水利――必要な水をどのくらい、いつ、どこの地区に給水するかという水量計算に中島は方程式を編み出した。そのチャートは一九三三年（昭和八）に完成し、中島は今も保存している。

「これはダムが完成して通水後の話ですが、いちばん気にしたのはその日の天候で、新聞は最初に天気図を見たものです。チャートはダムの管理所と主要な水門管理所に渡してありましたが、水利運用が軌道に乗るには三年はかかりました」

三年で軌道に乗るとは大したものではないか。なにしろ地球を半周するほどの水路である。通水を開始してから三年で一五万㌶の面積につつがなく給水できたというのである。中島が編み出した方程式は統計学を応用したものであった。当日の降雨量、給水量、消失水量、余水量、有効降雨量、水深（水田に張る水量）を毎日記録し、一年間のデータを統計学的に整理し、一日に必要な水量のチャートを作ったわけで、根気のいる仕事であった。

中島は戦後も台湾政府に留用され、現地で農民の指導に当たっていた。その辺の事情を彼は語る。

「終戦後、台湾政府の命令でできた組織が蔗糖復興委員会でした。この組織は一時的に嘉南の埤圳組合も吸収して作られたものです。食糧増産を目的にした組織で、私は最初この委員会に留用されました。私の留用は当初、永久的といわれたもので、そのため家族は二十一年に内地に引き揚げさせました。しかし、私の留用は二年で終わり、内地に引き揚げることができました。そして、二年間の仕事は委員会から派遣されて台南の農学校で台湾人の学生に水利学を教えることでした。そのときの学生に、後に嘉南農田水利会に勤める徐欣忠君がいたのですな」

墓参に訪れた中島夫婦

八田與一はダムを造り、中島ら水利技師は三年輪作を確実に仕上げるための水路の建設と農業技術を台湾人に教える仕事をしたわけである。そして、中島は最後に、

「私は今でも台湾に愛着をもってます。八田さんの墓の横には地元の人が建ててくれた私の墓が立っているのです」

と、話を終えた。筆者を見つめる目は潤んでいた。

三年輪作による作付方法を農民に指導し、実際にその効用を理解させるのに水利技術者たちはだいぶ苦労したようである。ここで、現在も基本的には踏襲され

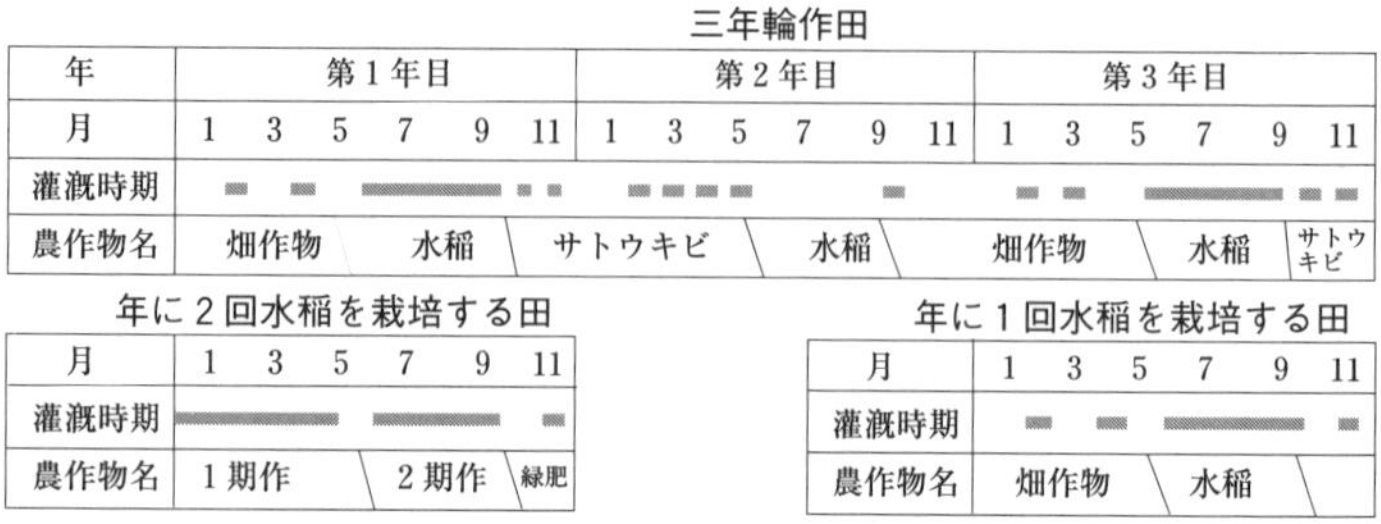

ている三年輪作給水法の耕作暦を掲げておく（上表）。

中島は與一を「努力の天才」と評する。理由は、「常に勉強を怠らず、その設計思想はキャパシティーを二〇％見込んだ仕事をする人」だからだという。それに與一は、単なる技術者ではなく、マネージメントにも優れた、いわばゼネラルスタッフとしての能力も抜群であったという。

ここで中島の証言から、話をフラッシュバックして、烏山頭の現場に戻ることにする。中島が話していたように、一九二六年（昭和三）には主要な水路は完成して通水試験も終わり、濁幹線水路と南幹線水路には給水が開始されていた。そして、中島が組合に就職する半年前の六月十七日。日本が台湾を領有した日で、総督府始政記念日と呼ばれた。この日、難工事の連続であった烏山嶺隧道が貫通した。始政記念日に貫通させるとは……。工事を請け負った大倉組土木部もタイミングを図って貫通させたのであろう。とはいえ、人身事故などで工期が遅れていた烏山嶺隧道三一〇七《メートル》も、突貫工事の甲斐あってようやく貫通したのである。

先述したように、丹那トンネルより直径で一五《センチ》大きい烏山嶺隧道は当初、シールド工法で建設する予定であった。しかし、土質が悪く、最終的に決まった工法はオープンカット方式であった。それにしても、三年九カ月の工期

現在の東石防潮堤

を予定していた工事である。それが途中、財政難などの問題も絡み、工事は遅れに遅れて、貫通まで七年余りの時間がかかったのである。

それだけに、現場に携わった工事関係者の喜びもひとしおで、隧道取水口での貫通式はもちろんのこと、ほかの工事現場で働いている人間にも貫通を知らせるため、改めて堰堤で貫通式を実施した。式は一カ月後に堰堤で行われたが、そのときは六基据えつけられていたジャイアントポンプから真夏の空に向けて一斉に水を放射し、サイレンを鳴らして貫通を祝ったという。

隧道が貫通して最後に残った主要工事は堰堤の築造である。一九二八年（昭和三）七月現在で、工事の進捗率は九八％になり、堰堤は全容を現していた。しかし、堤長が一キロを超え、高さも五〇メートルを超えた巨大な台形の土と石の壁は見る者を圧倒し、あらためて機械力による工事のスピードと効率を見せつけたのである。また、水圧で土石が固められた堰堤の表面は艶々しており、出来立ての土堰堤は夏の強烈な陽光を浴びて輝いていた。また、土堰堤で官田渓がせき止められ、その内側にできた六〇〇〇ヘクタールもある貯水池にはまだ貯水がされてなかったが、その巨大な粘土層の底はひび割れた地肌がむき出しになっており、そこで働く人の姿は堰堤上から俯瞰すると、それこそ蟻の動きであった。

貯水池の満水後の話だが、組合は一年に一度、渇水期の三月に導水路の一部を仕切って水瓶を干し、地元住民をはじめ近在の人を招待した。そして貯水池に放流した草魚や鯉、鮒のつかみ取りなどの行事を催したという。この行事は評判がよくて烏山頭の通年行事になり、そうとう長い間、続いたそうだ。また、この行事は組合に実益ももたらし、多い年には入札価格でなんと一万円もの副収入があったというから、組合商法もなかなかのものである。

ところで、與一はこの時代になると堰堤に姿を現すよりも、もっぱら水路工事の現場に出向くことが多かったようである。前出の中島の現場にもよく足を運んだという。とはいっても、中島が担当している現場は烏山頭から西に五〇キロも離れていたので、トラックに乗って出かけても一日がかりの仕事であった。與一の行動は、水路の見聞と合わせ、潮止堤防の視察も兼ねていた。なにしろ、潮止堤防は総延長一〇〇キロを超えており、南幹線に五カ所、北幹線に四カ所が造られていた。例えば、北幹線の最末端に造られた台湾海峡を望む東石潮止はもっとも規模が大きく、高さ四メートル、幅一・八メートルで全長九キロに及んでいた。

現在の自動排水門

筆者は台湾が乾期のシーズンに入った一九九六年（平成八）十月、三回目の現地取材でこの東石潮止を見学した。この時期の台湾は、十月ながら南の高雄や台南では日中の気温が放射熱で三〇度を超え、陽が落ちても二五度を下回らず、クーラーがうなりを上げている。もちろん、市民のいで立ちはノースリーブや半袖シャツである。筆者が東石に関心をもった理由は、完成後六五年を経た堤防や自動排水門が現在でも使われているのかどうか、確かめてみたかったのである。

そして、今回も案内役として同行してくれたのが中島の教え子であった前出の徐欣忠で、現場は台南市から北に四〇キロのところであった。まず、現場を見て驚いたのは旧東石防潮堤の潮止がほとんど崩壊してしまい、現在造られている防潮堤はコンクリート製の、戦後に築堤されたもので、旧防潮堤の外側八キロ先に造られていたことである。

朴子区排水路（先は台湾海峡）

「台湾では八・七洪水と呼んでいますが、昔の潮止は一九五九年（昭和三十四）八月の大洪水でほとんど流されてしまいました。現在、残っているのはわずか五〇〇《メートル》たらずで、それも、表面をコンクリートで補強し、嵩上げして造ってあるのです。それと、周辺は土砂の堆砂で干拓地になってしまい、新たに三〇〇〇《ヘクタル》以上の土地が増えたのです。このまま堆砂が続けば、いずれ台湾海峡は対岸の福建と陸続きになってしまうのでは……」

徐は対岸を指差し、真面目な顔をして陸続きの話をするので、その場は大笑いになってしまった。それにしても、東石の一部だけでも五〇〇《ヘクタル》の干拓地ができたというから、神の与えた水は意外なところに恩恵をもたらしたものである。そして、その土地の上には工場や真新しい民家が建ち並んでいた。続いて当時の潮止跡と自動排水門を見て回ったが、土とグリ石で築堤された潮止は無残に朽ち果て打ち捨てられていた。さらに、自動排水門の鉄扉は塩水で錆び付き、ほとんど用をなしていなかった。その代わり、ステンレスでできた排水門が取り付けられていて、その役割を果たしていた。

ところで、海水は上流何《キロ》辺りまで逆流するのだろうか。

「台湾海峡は干満の差が激しく、朴子渓は一〇《キロ》先まで海水が逆流するのです。それで、今日では農地が塩害で使い物にならなくなった個所が相当あり、農民はその土地に養魚池を造ってエビや鰻の養殖に切り替えてしまっています」

こう説明してくれたのは、この地区を管理している朴子区管理処の李添福主任である。たしかに、潮止堤防の内側は農地より養魚池が多く、農民は養殖業に転換して暮らしを立てている。また、その方が高収

林内第一取り入れ口

入を得られるので、毎年転換する農民があとを絶たないという。しかし、李の話によると養魚池にも公害が発生し、今後大きな問題に発展しそうだという。

「困った問題というのは地下水の汲み上げによる地盤沈下です。養魚者は組合を脱退しているのでこちらから水を給水することはありません。それで、各自が勝手に養魚場の近くをボーリングして地下水を汲み上げるので、ひどい地区では一・五㍍も地盤が沈んで海面よりも低くなっているのです。対策は土入れや盛土ですが、なにしろ膨大な土が必要なため、打つ手がなく、なすがままの状態に放置している現状です」

六五年を経た朴子区の水路や農地は想像以上に堆砂で埋まり、水路は破壊された所もあり、農地として用をなさなくなっている場所も多くあった。この堆砂の問題はダム建設当時から懸念され、現場では対策が講じられてはいた。ダム完成後、七年経った一九三七年（昭和十二）に埤圳組合の管理者をしていた高橋秀人は自伝のなかで堆砂問題を記していた。

「貯水池は土砂で年々埋没するのは止むを得ないものであるが、烏山頭貯水池は予想外に早く大量の土砂で埋没することが、七年間の実績でわかってきた。沈殿土砂は毎年四二万立方メートルの予想が二倍以上である。放置すると百年を待たずして池の効用を失う虞がある。埋没の原因は何か。第一は取入隧道の出口が官田渓の源頭に接していて水が流れ込んでいたのである。また、水流の為に河床が削られて深くなり土砂が流される。それが甚だしくなり、隧道を破壊するに至った。この渓岸や河床の崩壊土砂の量は大したものであった。

第二は本流から枝の如く入り組んだ支流の崩壊もまた大きい。それ故、埋没を防止するため第一に本流の取入隧道出口下流二キロの地区を選んで高さ一五メートルの土堰堤を築き、本流を締め切り水位を上げて隧道出口と同じ高さとすることによって、河床の崩壊を防ぐことができる。第二に各支流の渓谷の崩壊する部分に土止め砂防工事を行い、また、裸の山には竹木を植えて造林し崩れの激しい支流には小さな土堰堤を作って、土砂の流下を防ぐこととし、この工事は戦争中も継続して行ったのである」

堆砂を防ぐため急流の河川には砂防ダムを造り、造林を手掛けていたわけだが、土砂の流入は予想をはるかに超えていたことが高橋の自伝からも読み取れる。それだけ、堆砂問題は烏山頭ダムにとって頭の痛い問題で、かつまた、計画配水を遅滞なく実行するために「堆砂」の排除は重要な課題であった。

嘉南大圳の土地の広さは一五万㌶あった。しかし、現在は二〇％の土地が住宅地や工場用地に転換され、嘉南農田水利会が管理する農業用地は六万八〇〇〇㌶に減っていた。残りは北港渓以北の濁幹線を取水口とする、戦後、嘉南農田水利会から分離してできた雲林農田水利会が管理している。いずれにしろ、堆砂の問題は徐の話はジョークとしても烏山頭ダムの上流八㌔の地点に政府が建設した曽文渓ダムの砂防効果もあり、堆砂が少しずつではあるが減少してきている。しかし、現在の烏山頭ダムの有効貯水量は建設当時、一億五〇〇〇万トンあったものが、ダムの底が堆砂で埋まり九〇〇〇万トンに減っていた。完成後、六五年を経てダムの有効貯水量が六〇〇〇万トンも減っていることも、また厳しい現実であった。

　與一は百年ダムを設計した。寿命はあと三五年である。とはいえ、六五年前の與一の頭のなかには、先述したように百年に一度の洪水にも耐えられる曽文渓の取水口があったわけである。百年という時間の予測も立てていたわけだが、堆砂という自然の営みだけは與一の予測をはるかに超えて進行したのである。

珊瑚潭への集水

　百年ダムの工事は、烏山嶺隧道が貫通したこともあり、また土堰堤の進捗率も残すところ二%になったことで、さらに急ピッチで進められた。現場はどこもかしこも人の動きが激しくなっていた。現場は年が明けた一九二九年（昭和四）の春には排水路、潮止堤防、導水路、余水吐、そして夏になると送水口、支線、幹線が次々と完成し、残る現場は東洋最大のセミ・ハイドロリック・フィル・ダムの土堰堤のみとなった。工事にかかってからまる八年、来る日も来る日も延々と大内庄と烏山頭の間を蒸気機関車に牽引されたエアーダンプカーの列が往復し、土砂を盛土してきた。最初の頃は何回盛土しても、どこに土砂が積み上げられているのかまるで手応えがないというくらい、膨大な量の土砂を必要とした土堰堤である。それが、八年後の官田渓に高さ五一メートル、堤長一・三五キロの巨大な土の城壁が現れつつあった。

　與一の胸のうちを推し測れば、感無量といったところであったろう。残り二%の工事が終わったのは一九三〇年（昭和五）の四月であった。これで嘉南大圳の全体工事はすべてが完成したことになり、あとは珊瑚潭に一億五〇〇〇万トンの水を集水する作業を残すのみになった。

一九二〇年（大正九）九月一日、予算四二〇〇万円で始まった工事は、途中、何度か危急存亡の時期もあったが、一〇年の歳月を経て完成したのである。追加予算が認められた一九二九年（昭和三）以後の概況を『台湾治績誌』は以下のように記述している。

「昭和三年度に於て総工費を五千三百四十八万円に増加した。而してその増加額五百二十二万円に対し、政府は規定補助率に準じ補助金二百六十六万円を増加し、その他は国庫借入金及び銀行借入金を増加支弁することに変更して引き続き工事を急ぎ、同五年四月主要工事の完成を告げ経営を開始したが、残工事及び補工事等施工の為に竣工期限を一カ年延長し、鋭意工事中の処、給水初年度のことでもあり、全区域に亘り一斉に通水を開始した結果、川路に故障を生じ、又同五年十二月数次の震害に因り工事は意の如く進捗しなかったので、更に工事施工期間を一カ年延長し事業費は同四年七、八月頃に於ける風水害復興費六十五万円を追加し、同五年度に於て結局総事業費五千四百十三万余円に改訂し主要工事を完了した」（原文通り）

工事費は最終的に当初の予算を一二一三万円余りオーバーしたわけだが、一九三二年（昭和五）当時の五四一三万円は、今日の金額に直すと三八〇〇億円になる。そして、この工事に動員された労働者は、延べ一〇〇〇万人を超えたのである。また、嘉南大圳の工事は日本が台湾を領有して以来、もっとも大がかりな土木工事で、人材と資金を惜しみなく投入して完成したのである。

埤圳新設工事竣工

烏山頭の工事責任者として三十六歳のときに家族と共に現場に赴任した與一は、四十五歳になっていた。家族も長女の正子と長男の晃夫をのぞく一男四女はみな烏山頭の宿舎で生まれていた。八田家は九人家族の大所帯になっていた。また、與一を取り巻く人的環境も一〇年前とはだいぶ様変わりしていた。まず、総督府の幹部を眺めてみるとトップの総督は工事を認可した第六代の安東貞美（民生長官・内田嘉吉・下村宏）に始まり、明石元二郎（同・下村宏）、田健治郎（同・賀来佐賀太郎）、内田嘉吉（同・賀来佐賀太郎）、井沢多喜男（同・後藤文夫）、上山満之進（同・後藤文夫）、川村竹治（同・川原田稼吉）と、七人が交代し、ダム完成時の総督は第一三代の石塚英蔵で、民生長官には人見次郎が就任していた。

また、大圳の工事を監督していた内務局の幹部も数名が現場を離れ、局長も山形から三代代わり、課長、係長クラスの実務家たちもそのポストを離れていた。なにしろ一〇年にわたる長期の工事である。人事異動があって当然で、烏山頭工事事務所の幹部たちもほとんどが離任していた。

珊瑚潭への集水が始まったのは雨期の始まる四月からで、曽文渓と濁水渓の両河川から毎秒二五トンの水が堰を切って奔流のように取水口に吸い込まれていった。だが、二本の隧道から一日に集水できる量は四三二万トンで、満水の一億五〇〇〇万トンを集水するのに四〇日余りかかったのである。もちろん、工事が完成したとはいえ真新しい隧道である。現場では予想もつかない突発事故に備えて、職員や作業員が交代で徹夜の監視体制をひいていた。しかし、現場でのトラブルはまったくなく、集水作業は順調に進み、日に日に珊瑚潭の水位は上がり、五月に入ると予定水量の一億五〇〇〇万トンの「神の水」が満々と珊瑚潭を満たしたのである。

着工から完成まで一〇年余。今は工事の槌音も消え現場は静まり返っているが、八田與一は満水の珊瑚潭を眺めて、どんな感慨にひたっていたのだろうか。心情を推し測る術はないが、與一にとって嘉南大圳の工事は自分の子供よりも長いつき合いで、思い出すことは山ほどあったろう。例えば、烏山嶺隧道の爆破事故で亡くなった犠牲者のこと。あるいは風土病に罹り病没した人たち。これら事故や病気で亡くなった人間は百余名を数え、犠牲者は組合葬で葬送された。台湾人は先祖の墓に、日本人は新墓が作られて埋葬された。

また、アメリカへの出張、ジャスティンとの論争、作業員の解雇、盆踊りや映画会などなど、喜怒哀楽の思い出が沸々としてきたはずである。そして、與一はたぶん、土堰堤の上から満々と水を湛える珊瑚潭をブロンズ像のようなポーズで眺めていたと想像できるのだが……。

五月十日。台南地方でいまだ見たこともない盛大なお祭りが烏山頭で始まった。烏山頭ダムの竣工を祝う祝賀会である。当日は、広い会場とはいえ来賓をはじめ一般招待客が三〇〇〇人を超えて集まったため、さしも広い会場も一カ所では間に合わず、臨時にもう一カ所、急造して招待客を収容したという。それに、祝賀会の会場には屋台をはじめ芝居の舞台、仮設のテント劇場が設けられた。会場では花火が打ち上げられ、夜になると提灯行列まで繰り出した。このなんとも賑やかな祝賀会が三日三晩、烏山頭で繰り広げられ、お祭り気分に沸いたのである。

また、三日間の祝賀会の費用は組合が臨時費から支出し、金額は一万六五〇四円かかっていた。予算をだいぶ超過したお祭りではあったが、與一は多額の寄付をポケットマネーから出したといわれ、その心づくしに後々、招待客は感激をあらたにしたという。しかし、このエピソードは招待された地元民の喜びの感情が増幅されて語られたのが真相のようである。

とはいえ、寄付の話が増幅されて語られるほど與一は地元民に敬愛されていたわけで、その敬愛の原点は、何といっても一〇年余り現場を離れることなく、最後まで仕事をやり抜いたという、不屈の技術者魂への畏敬の感情であった。

内地の不況

そして、祝賀会が終わると、いよいよ一五万甲歩の農地に、珊瑚潭に貯水された水を給水する日がやって来た。通水式である。五月十五日、放水口で関係者だけが集まってささやかな式典が行われた。與一の合図で水を締め切っていた巨大なバルブが一本、二本と、ゆっくりゆるめられ、そのたびに直径一・八メートルの鋳鉄管の口からゴーというすさまじい勢いで水が吐き出されていく。そして、六本のバルブが完全に開けられるとプールは渦巻きあふれんばかりになるが、そのうち水の減擦作用で穏やかな流れとなり、導水路に流れ込んでいった。

ところで一九三一年（昭和五）という時代の日本内地の経済動向はどんなものであったのか。まず、ビッグニュースといえば、浜口雄幸内閣が断行した一九一七年（大正六）七月以来の「金解禁」であろう。日本は、第一次大戦の戦争景気で大いに外貨を稼いだが、その後、インフレで円の価値が下がり、対外競争力も落ちて輸出が振るわず、戦後は反動不況で苦しんでいた。そして、さらに、追い討ちをかけるように関東大震災が襲い、その後遺症から一九二八年（昭和二）の金融恐慌に立ち至り、慢性化した不況が続いていた。

そんなドン底の時代に経済界に強力なカンフル剤として、ライオン宰相は一九三〇年一月十一日から金解禁を実施したのである。しかし、前年十月に世界の金融センター、ニューヨークのウオール街で株価が大暴落したことが引き金になって、わずか五カ月余りの間に日本から正貨の金貨が二億二〇〇〇万円流失し、そのため円売り、ドル買いが始まった。また、そのことが引き金となり、円が暴落し、日本は未曽有の大不況に陥った。失業者は二五〇万人ともいわれ、「大学は出たけれど」という流行り言葉が全国を覆っていた暗い時代であった。

烏山嶺取り入れ隧道出口付近

前出の中島が渡台の理由を話していたが、中島が大学を出た一九二八年には内地も就職難で、とても希望する会社には就職することができなかったそうだ。それで、台湾ならまだ就職先もあると、紹介されたのが前職の台湾製糖であったという。台湾は、日本内地が大不況の一九三一年当時も、まだまだ経済は活況を呈しており、不況とは無縁の島であった。

こんな不況とは無縁の台南州の一大穀倉地帯に生まれ変わった嘉南大圳に、導水路から神の水が幹線、支線、分線を通って給水されて三日目、一五万甲歩の農地の末端にまで水が行き渡った。これで、授益者八〇万とも九〇万ともいわれる農民の長年の夢が叶ったわけである。だが、組合の借金もまた膨大なもので、総事業費五四一三万円のうち総督府の補助金が二六七四万円あるものの、残り二七三九万円は組合が銀行から借金した金で、いうなれば授権者の借金である。この借金は年賦で組合が返済することになるが、いずれにしても返済の手立ては農作物の換金であった。

一九三〇年六月、與一は嘉南大圳の工事終了をもって公共埤圳嘉南大圳組合の工事事務所長を解職され、総督府技師に復職した。また、組合の技術顧問を兼任することになった。そして、総督府は與一の十余年の労苦に対して、高等官三等一級職を叙し、その功労に報いていた。もちろん、勤務地は古巣の内務局土木課で、仕事は水利を担当し、役職は掛長であった。

最後まで残って苦楽を共にした職員や作業員は一様に、現場を立ち去ることに無性に悲しみをつのらせていた。それは、與一とて同じ気持ちであった。そこで、働く仲間から自然発生的に「現場を離れてもお互いに交友を続けていこう」という声が出て、組織されたのが「交友会」である。会長に與一が推され、この組織は終戦まで続くことになる。また、交友会では、與一の送別の記念品としてブロンズ像を贈ることを決め、会員から製作費の寄付を募ったところ全員が拠金したという。それが現在、烏山頭の高台に置かれている像で、完成したのは與一が烏山頭を離れた翌年の夏であった。

第十章　勅任技師・八田與一

與一が奏任官技師の辞令をもらって烏山頭を離れたのは、夏も深まった八月半ばであった。このときは家族と共に台南駅から台北に向かったのだが、烏山頭の関係者は無論のこと、州庁の幹部も総出で見送りにきたという。駅頭ではさぞかし盛大な送別の風景が繰り広げられたことであろう。與一はのちに、技師の最高官位である勅任技師に任じられるが、まだこのときは高等官三等の奏任官である。当時の総督府には文官で高等官の技師は定数六〇人と定められており、文官の最高位は親任官の総務長官であった。一九二〇年（大正九）に民生長官の官制が変わり総務長官に代わっていた。内部部局は総督官房のほかに内務、文教、財務、殖産、警務の五局が置かれていた。與一が復職した内務局には土木課のほかに地理課、兵事防空課、地方課の三課があり、庶務担当を入れると総勢三〇〇人を超える大所帯の組織であった。また、土木課は州庁をはじめ地方機関の土木関係セクションの人事を一手に握っていた。土木課だけで土木、建築、衛生、道路、河川、水道などの仕事に関わる技術者を、判任官の技手を入れると一〇〇人も擁していたのである。この数は総督府の職員が台湾全土で一〇〇〇人という一九三〇年（昭和五）の数字からして、土木課がいかに大所帯であったか分かるというもの。

ついでに総督府を頂点とする統治機関を説明しておく。まず地方機関として台北、新竹、台中、台南、高雄に「州庁」が置かれ、台東、花蓮港、澎湖の各地に「庁」を設置している。その下に一一市、五〇郡があり、網の目の行政網が作られていた。なお、内部部局は数度の改編があり、終戦時の部局は内務、殖産局が廃止になって鉱工局と農務局が新設された。また、土木課は鉱工局に吸収され、地理課は「地質調査所」となり兵事防空課が国民動員課と代わり、地方課は廃止となった。あらたに工業課、鉱務課、電力課が作られ、五課一所の所帯となった。

土木課復職

台北に帰任した與一が初出勤した総督府は、新築されてから一一年が経っていた。初任時代、勤務した総督府は城内の西門町にあったが、與一が渡台した二年後の一九一二年（明治四十五）に新総督府が三線道路の頂点の部分にあたる書院町で着工され、七年後の一九年に完成している。與一が新総督府で勤務したのは、組合の技師になるまでのほんの一年余りの期間であった。それから、一〇年余を経て元の職場に復帰したのである。

家族は官舎があくまでの間、民家を借り上げて住んでいたが、秋になって官舎が空いたので転居している。当時の高等官三等の官舎の間取りは、今様の広さでいうと女中部屋も付いて八ＬＤＫで、場所は閑静な市内でも一等地の幸町にあった。また、年俸は辺地手当が減ったとはいえ五〇〇〇円を超え、女中も雇う裕福な暮し向きであった。

土木課に復職した與一の水利掛長としての仕事は、まず水利事業に役立つ台湾人の現場技術者の養成学校を作ることと、技術者協会を発足させることにあった。そして、水利技術者の技術研鑽を目的として台湾で初めて『台湾の水利』という雑誌を発行するため「台湾水利協会」を創設した。與一の仕事は、いわば、ラインを離れたスタッフの仕事でまとめ役、コーディネイトが主な仕事であった。また、與一は椅子に座っているときは常に台湾全図を机上に広げて、考えごとをする時間が多かったという。何を考えていたのだろうか。

「大体、八田さんは台湾全島の土地改良計画を樹《ママ》ててやろうといふことを念願していたようです。八田さんの狙い所は、どういう所を狙っていたかといふと、結局水源とか、耕地とかを組み合わせて、複雑化している土地改良といふものを、もっと平易にしようと計画されたんですが、金がないから全島の図面でいろいろ計画をしてました」

「水明かり」の座談会で、水利協会の名取久政が語っているように、この時代の與一は机上で土地改良計画に没頭していた。水利と土地改良、與一の役職にはもってこいの仕事である。全島の土地改良について、たとえ図面上とはいえ想を練るなど、スケールの大きい與一らしい考えではないか。日常は官舎と総督府の往復で平穏な時間が過ぎていく。鳥山頭時代にはとても考えられなかった、ゆったりとした時間の流れであった。デスクワークの仕事がないときは台湾水利協会の設立に奔走しており、また技術者の待遇改善や地位向上のための「技術者協会」を作ることにも積極的に動いていた。

與一の日ごろの口癖は、「文官に比べ技官の待遇は低い」であった。当時の官僚機構は天皇を頂点とする磐石の制度が確立していて、人事も文官を中心に組み立てられていた。例えば、與一は高等官三等で奏任官であるが、内務局で勅任官は二等の局長だけであった。それに、総督府の文官のトップはこの時代、親任官である総務長官が任命されていた。これは事務屋である。また、五局ある局長ポストはすべて事務屋が占めていた。それに、土木課の課長にしても、原局は日本内地の内務省土木局で台湾勤務はいわば、腰かけ仕事に過ぎなかった。それに比べ、技術者は定年まで総督府で過ごすというのが習わしになっており、仕事に入れ込む気合いが違ったのである。

また、與一の人の使い方は人物本意で学歴や年齢にこだわることはなく、できる人物を抜擢して使うことがしばしばあり、年配者からは煙たがられたようである。また、與一は若い部下に「経験があっても年寄りはいかん、気力がないからいかん。経験はなくとも元気のある、悪く言えば馬車馬みたいな奴がいい」と、話している。

率直な言い方である。こんなくだけた話し方をする與一だけに、部下には信頼されていたが、上司にはあまり受けはよくなかったようである。とはいえ、統率力と実行力は抜群に冴えていたので、先輩からは一目も二目も置かれる立場にあった。それに、官舎には毎日、誰かしら訪ねてきて夜遅くまで話し込んでいたというから、與一には人を引き付ける魅力も十分あった。八田屋のよいっつあんぶりはまだまだ健在であったといえる。

官舎の来訪者といえば、役人以外にも学校の先生や作家、それに組合関係者、また毛色の変わったところでは中央研究所の若手研究員などなど、千客万来で多方面の最新情報を入手する機会にもなっていた。話題のなかには当然、一九三〇年（昭和五）十月二十七日に起きた霧社事件もあったことだろう。

この事件、後に総督府が「本島未曾有ノ不祥事」と公式文書に記したほどの大事件であった。先住民の反乱である。事件は台中州管内の山岳地能高郡霧社、「社」は集落の意味だが、タイヤル族の酋長モーナル・ダオに率いられた六集落の青年約三〇〇人が、台湾人が通学する霧社の公学校の運動会の日に蜂起。日本人一三四人を殺害した。原因は日本人との感情的な対立といわれている。しかし、事件の本質はそんな単純な問題ではなく、総督府の根幹を揺るがす理蕃政策に起因していた。

総督府は、反乱を鎮圧するために警察部隊はもとより台湾軍まで動員し、機関銃、山砲、はたまた空からは催涙ガスや毒ガスまで散布して、先住民の殲滅作戦を実行している。その結果、先住民側の死者は戦死と自殺で六〇〇人余りが出ており、討伐が完了するまで五カ月を要したのである。当然、事件の責任をとって石塚総督と人見総務長官は辞任した。官庁用語で「依願免本官」である。それと、台中州知事の水越幸一も引責辞任し、次代の総督には関東州長官の職にあった大田政弘が就任。総務長官には兵庫県知事の高橋守雄が任命された。

もちろん、事件が與一の生活や仕事に影響を与えることはなかったが、日ごろから台湾人に理解をもっていた與一にしてみれば、仕事がら山地に入ることはよくあり、先住民との接触もあったわけで、霧社事件にひと一倍、関心をもったのではないか。ところで、来客の絶えることのなかった與一の官舎には、事件の翌年七月、六女の成子が誕生し、八田家は十人家族になった。長女の正子は十二歳になり、長男の晃夫は十歳であった。また、妻の外代樹は三十歳になり、ますます女性としての美しさが輝く歳になっていた。

大甲渓電源開発計画

そして、いよいよというか、與一の技術者としての本領が発揮される土木水利の仕事が待っていた。それは、毎日、机上で台湾全図を眺めながら練っていた、全島土地改良計画の基本図と大発電所を建設するための「大甲渓電源開発計画」のプラン作りであった。この計画は満州事変が起きた翌年一九三二年（昭和七）八月から取り組むことになった。しかし、予算面で建設計画が実現するのは、與一が台湾を離れる年まで待たなくてはならなかった。また、工事は内務省の直轄工事として進められている。

とはいえ、與一の大甲渓に賭ける情熱はすさまじいものがあった。なにしろ、日本内地にまで出向いて出資者を捜したという。このくだり、少し長文になるが「水明かり」で、土木課の荒木安宅が語っているので引用してみる。

「大甲渓が台湾の電源として一番よいということを図面で調べて七、八年前の水利大会（注・昭和八年花蓮港で開催）の時に私共と一緒に参りまして、どうしても大甲渓（注・阿里山に源流を発し台中から台湾海峡に流れ込む）を見て来るとなりまして、水利大会を終えると直ぐ花蓮港から、能高を越えて、それから合歓の方に廻って達見に降りて踏査したのだと思います。さうしてこれはどうしても有望だから測量をして見ようとなりましたが、測量費は一文もなし人もありません。

それで霧社の方の金をなんとか理屈をつけて、此の方に幾分廻し人も他の方を犠牲にして廻してもらい、尚足りませんので台中州の水利組合や大甲渓に関係のある組合から金を出さして測量を始めましたが途中で、どうしたことか台中州との関係で、何か経緯があって金が出なくなって、途中でやめました。

然しどうしても水力電気は必要だというので、内地の資本家を説いて廻ろうといふので何年頃ごろか忘れましたが（注・昭和九年四月）、東京に行って盛んに大甲渓を完成してその電力を使へと、説いて廻ったことがあります」（原文通り）

與一ら調査隊が入り込んだ大甲渓の源は阿里山に発しており、源流近くまで足を踏み入れて川の「筋」を見きわめている。踏査した距離はバーシー海峡に面した東側から台湾海峡に接した西側まで、三〇〇〇メートル級の高山が連なる中央山脈を横断しての九〇キロであった。また、一行は、途中、霧社事件の現場にも立ち寄り、タイヤル族の酋長とも歓談したようである。それは、付近の地勢を熟知した彼らに案内を頼むための、いわば儀式のようなものであった。踏査行は二〇日余りかかったが、與一は自らの眼で大甲渓の「筋」を確認したことで、ますます電源開発の必要性と大甲渓が有望な河川であることを確信し、先述したように資金集めのために東京まで足を運んでいる。そして、概況説明には逓信省や陸軍省、海軍省にまで足を運んでいた。

「海軍省に行つて軍令部の方の、あの方はなんでも加納さんだつたと思ひますが、軍令部の第一課長だつたか、第二課長だったか判りませんが、電気の方をやる方に話した所が、一つ陸軍の方に話して見てはどうかという話で、今の興亜院（注・一九三八年十二月に内閣直属の対華機関として設置された）の喜多少将が第六課長でしたが、そこで参謀本部に伝手を求めて、喜多さんに会ひに行つてます。それで、福州から帰つた時も喜多さんの所に行つてるんですね」（原文通り）

こう、語っているのは先出の組合技師の名取で、場所は「水明かり」収載の座談会の席である。與一が「福州から帰つた時」というのは、後年の福建省出張から帰台のときである。また、大甲渓電源開発計画が動き出すのは、與一が東京出張から帰台し、中川健蔵総督の前で結果を復命したときである。事実上ゴーサインが出たのである。しかし、先述したように実際に工事が始まるのは與一の離台の時期であった。それと、名取が語っている喜多少将とは與一が上京した一九三四年（昭和九）四月当時、参謀本部支那課長の職にあった喜多誠一大佐で、興亜院時代というのは北京の現地機関「華北連絡部の長官」の職にあった。また、陸軍軍人には與一と同郷の佐藤賢了がいるが、與一が上京したとき佐藤は陸軍大学校の教官を務めており、久しぶりの邂逅を果たしたようだが、その機会に大甲渓の開発計画が二人の間で話し合われたかどうかは定かではない。

帰台後の與一の仕事はますます忙しくなり、所管の水利の仕事以外にも台湾水利協会での講演、また嘉南大圳組合への出張あるいは技術論文の執筆等々多忙を極め、一年はあっという間に過ぎ去っていった。そして、一九三五年（昭和十）になると、台湾海峡をはさんだ福建省に出張している。招聘者は福建省首席の陳儀で、目的は省内の灌漑水利施設の調査であった。陳儀は、與一の土木技術者としての評判や実績をどのようにして知ったのだろうか。いや、知るというよりも、嘉南大圳の評判は対岸の福建省まで知れ渡っていたというのが、本当のところであろう。

福建省へ出張

この時代、台湾から中華民国の福建省に渡るには一応、帝国政府発行の旅券が必要であったが、旅券の代行は総督府の官房人事が扱っていた。與一も、総督府の役人なので公用旅券が発給されている。めんどくさい手続きは別にして、省都の福州までは淡水から船でわずか半日の距離であった。この出張で與一は初めて外代樹を同伴し、夫婦水入らずで八月の旅を楽しんだ。それでは、一九三五年（昭和十）という時代の日本と中華民国の関係はどんな状況であったのか。

この年四月、三年前に建国された満州国の皇帝溥儀が日満友好を目的に来日。そして、関東軍の軍人が作文したといわれる「日満の親善と不可分」を強調した詔書を発布している。また、六月には蒋介石の国民党政府と日本政府は、天津で現地軍司令官を代理に、いわゆる「梅津・何応欽協定」を結んだ。内容は、

河北省内国民党軍の撤退
国民党軍の河北省外への撤退
国民党政府による排日禁止令の徹底

などであった。さらに北では関東軍が画策して親日軍閥の殷汝耕を担ぎ出し、冀東防共自治政府を発足

させ、さらにチャハル省代理首席秦徳純と奉天特務機関長土肥原賢二の間で「土肥原・秦徳純協定」を結んで、日本は華北分離工作を一段と進めていくことになる。日本が狙ったのは国民党政府の支配下にある華北地区を分離、独立させ、日本に帰属させることであった。このような日華関係のなかで八月、中国共産党は民衆に対して「抗日救国統一戦線」を提唱する。八・一宣言である。この宣言は「過去の意見の対立と利害の相違を捨て、危機が迫っている現在、すべての内戦を停止して抗日救国にあたるべし」という、国民党政府への国共合作の呼びかけであった。

しかし、まだこの頃は、日・華の間は全面戦争に至っておらず、南の福建省に戦禍は及んでいなかった。それだけに、陳儀の支配する地方政府は平穏であった。もちろん、陳儀は国民党政府軍事委員長蔣介石によって任命された地方長官である。陳儀にしてみれば、中央の日・華間の問題よりも、自分が治める福建省の食料問題の方がはるかに重要な案件であり、米の増産と灌漑施設の建設は早急に手を打たなければならない事情があった。事情とは、大金を使って外国人技師を雇い調査をさせたのだが、結果は中途半端に終わってしまった。それで嘉南大圳で実績を積んだ與一の来福を総督府に招請したという経緯があった。

また、親日派といわれた陳儀は終戦後、初代の台湾省行政長官に任命されている。しかし、一九四七年（昭和二十二）二月二十八日に起きた「二・二八事件」と呼ばれる事件は、「台湾人」と戦後大陸から入ってきた「外省人」との間の対立が暴動に発展したものであった。そして、陳儀と要請を受けて大陸から軍隊を派遣した蔣介石は、事件を利用して徹底的に台湾を武力で弾圧した。その結果、軍隊に虐殺された台湾民衆は数万人に達したといわれる。陳儀は事態を収拾できなかった責任と不正の発覚で銃殺刑に処せられている。また、台湾ではこの事件を正確に検証するため、最近になって、政府が実態調査を進めている。

八〇年代、この事件に題材をとった台湾映画の「非情城市」が、侯孝賢監督で映画化され、台湾人に強い感動と事件の記憶を蘇らせていた。戦後、浙江省から台湾に乗り込んできた陳儀は、台湾人には尊大で冷酷な人物との評価が定着しているが、来台早々一度、烏山頭ダムを訪れ、與一の霊を慰めたといわれている。陳儀にしてみれば、生前の與一の福建省における灌漑調査に感謝しての行動であったのだろう。

ところで省内の灌漑調査だが、期間は夏の暑い盛りに二カ月にも及び、省内を縦断する大河の閩《ミン》江を挟んで平地から山地へと面積約三万四〇〇〇平方キロの半分を與一は踏査していた。そして、完成した報告書は精緻を極め、具体的な指摘事項が一〇〇項目もあったという。それはまた、與一の技術者としての生真面目さを示す報告書でもあった。陳儀は報告書を受け取り、與一自らの説明を聞いてその理に叶った内容に驚嘆し、與一を非常に信頼したともいわれている。

しかし、残念なことに、この灌漑水利計画はその後の日・華関係の悪化から実現することはなかった。

二カ月に及ぶ現地調査を終えた與一は、十月も半ば過ぎに台北に戻ってきた。福建では外代樹と二人、政府が用意してくれたゲストハウスに寝泊まりしての生活であったが、夫婦が連れ添っての旅はこのときが最初で最後であった。後年、外代樹は親しくしている相手に福建の旅を楽しく語っていたという。八人の子供を育ててきた外代樹にとって夫婦水入らずの旅など、思いも寄らなかった出来事であろう。多分、與一は苦労をかけてきた妻にボーナスのつもりで旅をプレゼントしたのではないか。生真面目な與一らしい愛情の表現である。

翌、一九三六年（昭和十一）二月、渡台二六年になった與一は五十歳の誕生日を迎えた。この時代、五十歳といえば隠居をしてもおかしくない歳で、役人の定年も五十五歳である。しかし、勅任官になると、定年も五歳延びる制度があった。とはいえ、與一の仕事は山ほどあり、とても、デスクワークで一日を過ごすというわけにはいかなかった。仕事といえば、この時代に手掛けたものでもっとも役に立ったのは、烏山頭ダムを建設するときにその必要性を痛感していた、台湾人の測量技術者を養成する学校の創設であった。

「設計の基礎は測量にあり」――これが與一のモットーで、台湾が発展していけばいくほど測量技術者が求められることを與一は見抜いており、そのためには台湾人を養成する専門学校を作ることが急務と、台北中を駆けずり回っている。奏任官一等技師が自ら奔走する姿を見て、部下の技師たちも総力を挙げて與一の仕事を手助けした。そして、協力者を得られたことから與一の努力も三六年には報われ、台湾で最初の民間の学校が台北市内に開校したのである。看板は「土木測量技術員養成所」であった。この学校は年々発展し、校名も「土木測量学校」「土木測量院」と変わったが、現在も建学精神を受け継いだ台湾省立の「瑞芳高級工業職業学校」として存在し、毎年多くの現場技術者を社会に送り出している。

與一が技師の最高官位である勅任官待遇の技師を命ぜられるのは一九三九年（昭和十四）だが、三七年から三八年にかけて兼任専売局技師、また殖産局農務課兼任と、兼任の仕事が多くなった。しかし、本務はあくまで土木課の水利であって、兼任部門は、いってみればアドバイザー的な仕事に終始していたようである。それに、三年前に與一の尽力で設立された技術者協会――。與一は初代会長に推薦されたが、ここでの仕事はもっぱら技術者の待遇改善案を練ることと、専門家による技術懇談会を開催することにあった。ここで、與一も福建省の灌漑水利計画の調査結果を講演しており、ほかにも台湾拓殖会社（以下、台拓と称す）が主催する技術懇談会にも出席して、技術者の使命とか、待遇改善の必要性などを訴えていた。

台湾拓殖会社

この台拓は先述した三日月直之が勤めていた会社だが、台湾では台湾銀行と台湾電力会社、それにこの台拓が御三家と呼ばれた巨大会社であった。なかでも台拓は国策会社といえるほど国家の資金が投入された会社で、明治時代に朝鮮に設立された東洋拓殖会社の台湾版といってもいいほどの、国家の意志が働く会社でもあった。そもそも、台拓は一九三六年（昭和十一）十一月に法律で公布された「台拓法」に基づいて、政府出資金と民間資金の三〇〇〇万円の資本金で生まれた会社である。與一は直接、台拓の仕事をすることはなかったが、土地課や拓殖課の技師とは頻繁に会っていたようである。

創立当時の台拓本社は台北駅の近くにあった。

「駅を背に駅前広場の北側の角に建つ古めかしい三階建ての小さいビルに入った。それが北門町の北門ビルで、台拓の本社であった」

この引用文は、三日月が台拓に採用され本社を訪ねたときの描写で、「台湾拓殖会社とその時代」に、書かれている。巨大会社台拓も、創立当時は店子として貸ビルに入っていたわけである。ここで、與一も技師とは親交があった台拓について少し触れてみることにする。先述したように、台拓の設立は一九三六年十一月。初代社長は三菱商事の筆頭重役であった加藤恭平で、人事権は拓務大臣が握り、閣議で承認を得ると台湾総督が任命した。以下、副社長、理事、監事のポストがあり、監事の一人に戦後、外務大臣を務めた藤山愛一郎も就任している。また、財産評価委員にはシルクロード探険隊のスポンサーとして名を馳せた前西本願寺門主の大谷光瑞や伊藤博文の養子文吉、財界人では蔵相などを歴任した現職日銀総裁の結城豊太郎など著名人が名を連ねていた。

創立早々の組織は、社長室に秘書課、調査課、検査課が置かれ、総務部に文書課、経理課、業務部に事業課、資金課、そして技師のポストが置かれたのが拓務部の土地課と拓殖課で、一室三部九課の陣容であった。それに台拓は総督府とはいわば親戚関係にあった。例えば、政府出資金の一五〇〇万円は総督府の官有地を現物出資したもので、社有地として管理するために土地課が設置され、課長には内務局の地理課を退官した人物が天下りする慣わしになっていた。また、技術系社員の職制は総督府に右へならいで、技師、技手、見習、雇、傭と定められていた。

技術者については先述したが、「台拓技術懇談会」なる会合が月例会として開かれていた。メンバーは総督府の内務局、殖産局と中央研究所、それに台北帝大の関係者で、身分は勅任待遇の技師と教授が講師として出席していた。第一回は一九三七年六月に台北鉄道ホテルで開かれ、二回目の懇談会には與一も招かれ講演していた。演題は「干拓事業について」であった。先述の磯永吉博士も「台湾での小麦と亜麻栽培」というテーマで講演している。與一と磯永吉、二人の親交はどんなものであったのだろうか。

台拓本社が社員の増員で北門ビルから総督府に近い帝国生命館ビルに移転したのは八月であった。この場所は近くに台湾電力会社や台湾銀行本店があり、帝国生命館は三階建てのビルであった。現在その地は、重慶南路と衡陽路が交差する南角で、北側には台湾一の出版社、東方出版社がある。台北市内には旧総督府をはじめとして、台北帝大、総督官邸、台北郵便局、台湾銀行など、今でも日本時代の建物がそのまま使われているが、国策会社御三家のうち残っているのは台湾銀行本店と台湾拓殖会社のビルだけである。

一九三六年（昭和十一）に創立された台拓の発展は目を見張るものがあり、太平洋戦争最中の一九四二年には資本金を倍額の六〇〇〇万円に増資し、社員も現地雇いを入れると最盛期には一万人を超えていた。それに、東京をはじめ島内にも三支店を構え、対岸の中国に四支店、そして東南アジアにはハノイ、サイゴン、バンコック、昭南（シンガポール）、ジャカルタ、マッカサル、バタン、マニラと八支店を置いていた。それは、大東亜共栄圏の拡大と軌を同じくしていた。事業は綿花栽培、製油、林業、畜産、干拓事業、ブタノール製造、石炭、鉄鉱石、マンガンの採掘、運輸、セメント製造など多岐にわたり、事業体は系列会社四二社を抱えるコングロマリットに巨大化していった。

一九三九年六月、與一は総督府の技師の頂点に立つ勅任技師に任ぜられ、九月には勲四等瑞宝章を叙勲した。この当時、総督府で勅任技師の待遇を受けていたのは四人の技師で、與一は二番目に若い勅任官であった。官位は文官の局長と同じである。

この時代、日本内地では独ソ不可侵条約が結ばれたことで「欧州情勢は複雑怪奇なり」と、声明を出して平沼騏一郎内閣が総辞職し、後継首班には陸軍軍人の阿部信行が信任されている。また、中国大陸では二年前に北京郊外の氷定河に架かる盧溝橋で日中両軍が衝突。その後、戦火は上海に飛び火、さらに華中と戦火は拡大して全面戦争に発展。南京事件も起きていた。そして、一九三九年二月十日、日本軍は南方進出の拠点を確保するため、第五艦隊支援のもとに第四根拠地隊と台湾混成旅団の混成部隊が、海南島の海口を奇襲し同島を占領。また、翌三月には一一年前に周恩来、朱徳らの紅軍が第二次国共内戦の武装蜂起を起こした江西省の省都、南昌を第一〇一師団が占領。さらに、五月に入るとソ満国境で日ソ両軍が衝突したノモンハン事件が起きており、戦火は華北、華中、華南と全土に拡大していった。

欧州ではこの年九月、ナチス・ドイツがポーランドに侵攻。イギリス、フランスがナチスに宣戦布告して第二次世界大戦が勃発。一方、日本軍は戦火の拡大と共に中国大陸に北支那方面軍と中支那方面軍を展開していた。さらに、部隊を増強して三〇万の大軍が支那派遣軍総司令部の指揮下に入っていた。もちろん、日本内地は国家総動員法が成立して、カーキ色が幅を利かす暗い時代になっていた。それに食料、衣料、生活必需品は統制され、配給制度になって国民生活は次第に窮屈になっていく。では、ここ台湾での生活はどんなものであったのか。

「台湾では、平均一人の人間が一年一石の米を食べれば普通とされている。ところが、絶対必要とする米の量五百五十万石に対し、嘉南平野の嘉南大圳水利事業や、宜蘭平野の水利事業と、太陽の光と熱、農民の勤勉のお陰で、年間三百万石以上の米が余る。今まで内地に送っていた。今は、戦場の兵士の食料として送られる量も激増してきたので、家庭での我々の食用米は買えるが、飲食店では、米飯を出せなくなり、その代用としてバナナが皿の上に乗せられるという状況になってきた。

バナナ二本のカロリーは米飯、ドンブリ一杯分に相当するから料飲店では米飯を出すなというわけである。衣料も綿織物が店頭から消えて、スフという名の化学繊維製品のものが売られる。内地はこんなものではないよ。もっと酷いんだよ」

三日月は、台湾での生活ぶりを自著に書いている。とはいっても、日本内地と比べると、まだまだ、台湾の生活の方がゆとりがあった。なにしろ日本内地では戦争経済に伴って、主食の米が統制され、配給制度に移行していたのである。それに、月一回、贅沢を戒めるための「一汁・一菜禁酒禁煙」を主唱した「興亜奉公日」なる精神運動が発動していた。そして、政府は閣議決定で「物価等統制令」「地代家賃統制令」「賃金臨時措置令」など、次々と経済活動を統制する法律を立法化し、国民生活は戦争経済に突入していったのである。それに、人的資源を確保するため厚生省は、結婚十訓を発表し「生めよ殖やせよ」と子供をつくることを奨励していた。正しく、生めよ殖やせよを実践することは国家への奉公であったわけだ。

三日月はこの時代の台北での日本人の庶民生活を書いているが、台拓での身分は「書記」で、役人なら判任官である。給与は手当てを入れて月額一五〇円。與一は勅任待遇の技師で年俸五〇〇〇円を超えている。三日月の生活ぶりとは比較にはならないが、それでも、與一の生活信条は「質素を旨」としており、役所と官舎の往復には自動車による官用車の送迎を断り徒歩通勤をしていたという。與一にとって、贅沢な暮らしといえば唯一、五年前の福建省の灌漑調査に、妻の外代樹を同伴したことくらいであった。

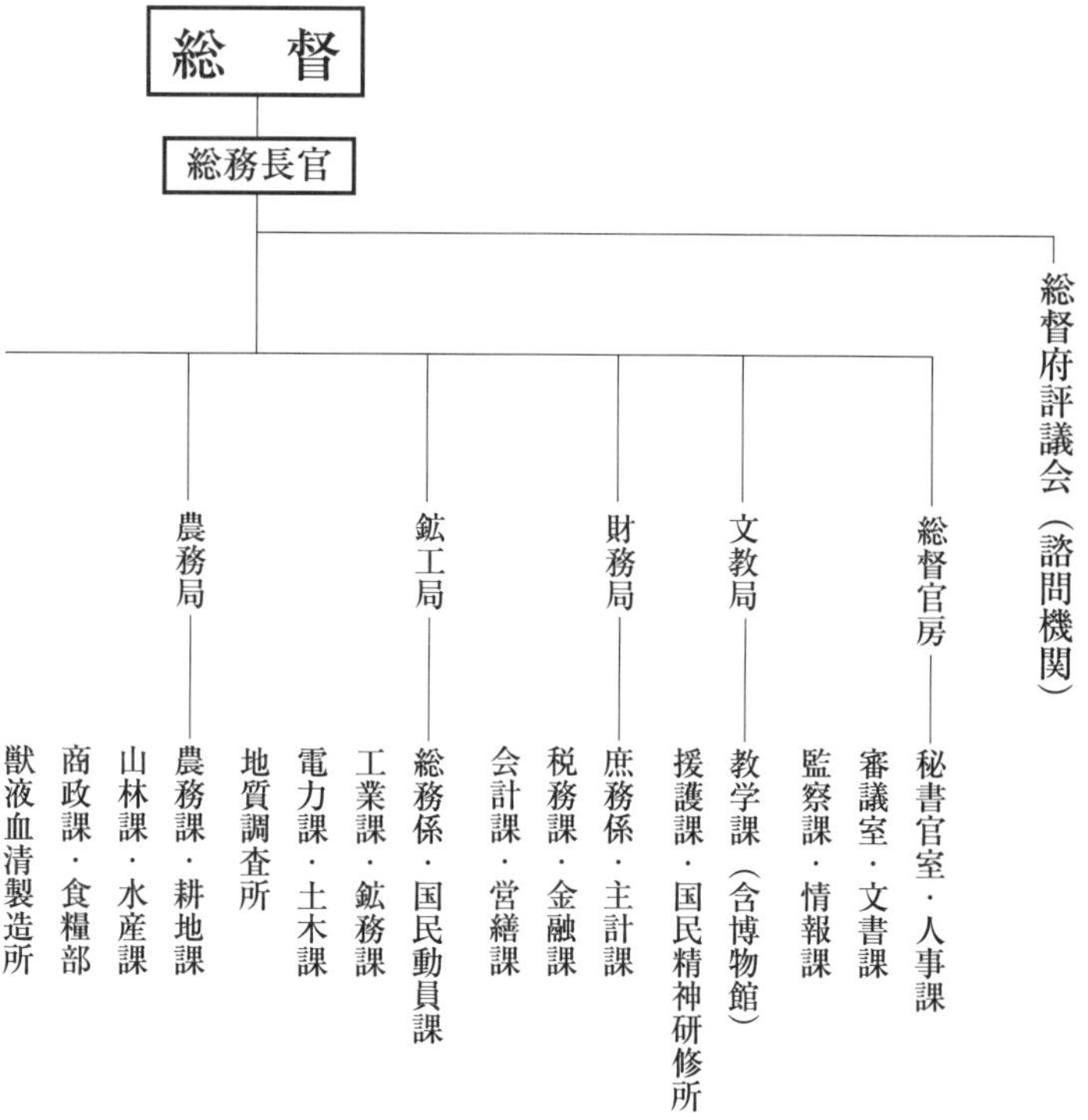
総督
総務長官
総督府評議会（諮問機関）
総督官房
秘書官室・人事課
審議室・文書課
監察課・情報課
文教局
教学課（含博物館）
援護課・国民精神研修所
財務局
庶務係・主計課
税務課・金融課
会計課・営繕課
鉱工局
総務係・国民動員課
工業課・鉱務課
電力課・土木課
地質調査所
農務局
農務課・耕地課
山林課・水産課
商政課・食糧部
獣液血清製造所

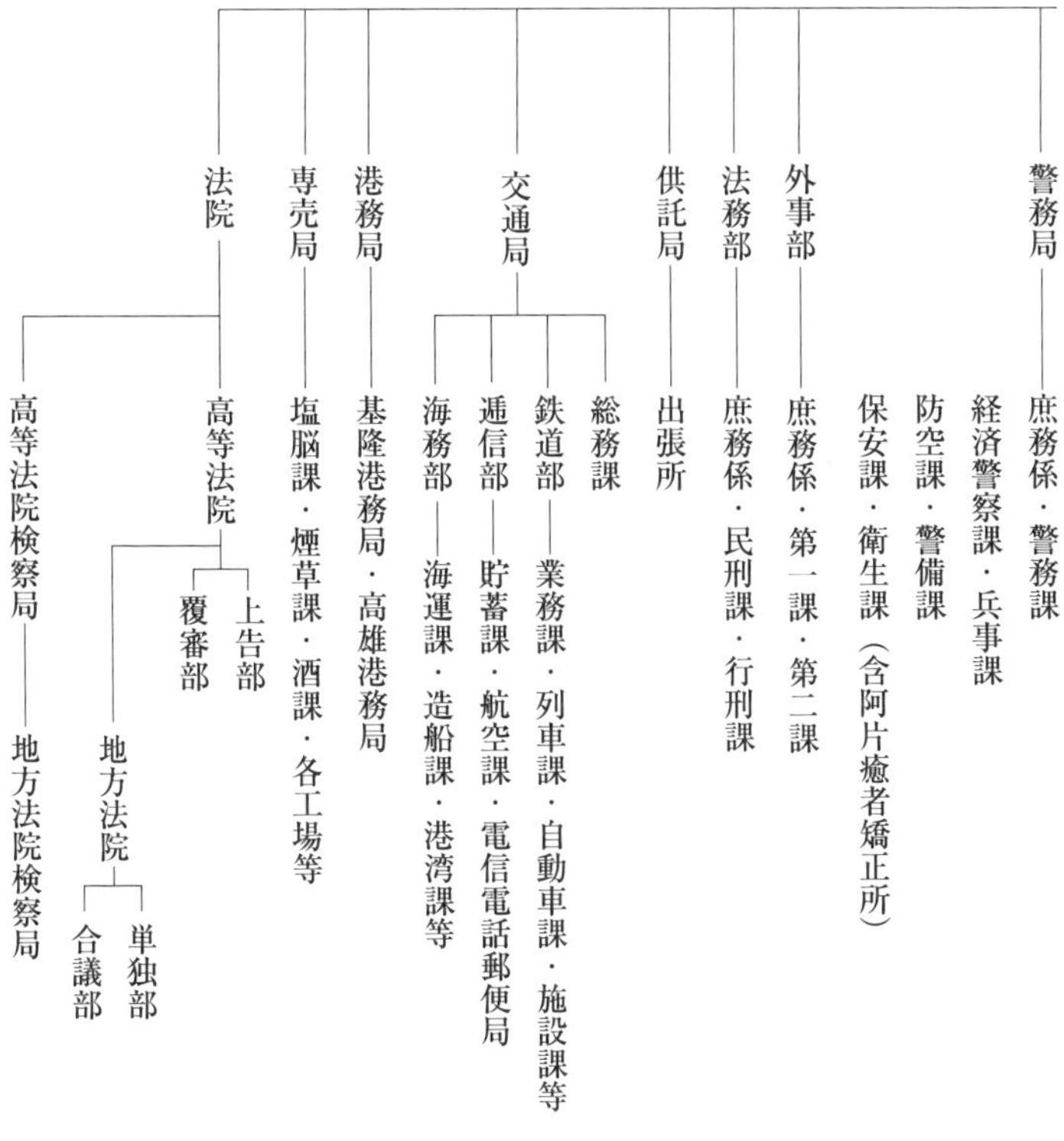

（台湾総督府設置令および台湾軍司令部組織図を参考に作成）

三日月の記憶によれば、台湾も徐々にではあるが日本内地の戦争経済に組み入れられ、米の移出などを通して準戦時体制になっていく。では、嘉南大圳の米の増産はどの程度、成功していたのだろうか。與一は、ダムが完成した後も烏山頭にはよく通っていたという。やはり、収穫量が気になっていたのだろう。先出の高橋の記録に、太平洋戦争開戦直前の数字が載っているので記してみる。

「生産額は各種の農産物が二倍乃至八倍の収穫を上げるに至った。米は工事前十七万石の収穫が、六十万石になると予想したが、八十五万石（昭和十六年）約八倍になった。甘蔗（注・サトウキビ）は十三億八千万斤が、予想の三十八億八千万斤を超えて、五十九億斤と四倍以上になり、台南州の生産量で、日本全国の消費量を賄い得る位になった。金額は予想の六百万円を超えて、三倍近い一千七百万円となった」

この数字は高橋の計算によれば正確だという。與一も、烏山頭ダムが完成して九年後の数字を見て、おそらく、満足感に浸ったであろう。この時代、烏山頭の所長は二代目の阿部貞壽であった。また、與一は鉱工局土木課の仕事以外でも多忙をきわめており、前年の一九四〇年（昭和十五）五月には台湾都市中央計画委員会幹事に就任。肩書は他にも台湾国立公園委員会幹事が付き、それに総督府の組織も拡大し、従来の内務、文教、財務、殖産、農務の五局が九局になり、與一は交通局から飛行場建設の事務嘱託まで引き受けさせられていた。勲位は上り、十一月には従四位に列せられた。総督府勤務が二〇年を超えたのである。

一九四〇年、官制改正により総督府の中央組織は前々ページのような総督官房と法院、および九局二部制になった。

第十一章　海南島視察

日米開戦一年前の一九四〇年（昭和一五）四月には、台湾も臨時戦時体制が敷かれ、警務局には経済警察、兵事課、防空課などの組織が新設されて、台湾軍への協力が密になっていた。また、この時代の台湾総督は予備役海軍大将の小林躋造で、台湾軍司令官は陸軍中将の牛島実常であった。それに、日・台間の交通も時代を反映して福岡—台北間にはすでに週三便の定期航空路が開設されており、船便は一万トンクラスの客船を日本郵船と大阪商船が運行していた。時代の雰囲気を知るのに格好の資料があるので紹介してみる。

「日本郵船の定期船大和丸は、ドラの音と共に神戸港を解纜《かいらん》して瀬戸内海を西に航行していた。日本郵船は二隻、大阪商船二隻の一万トン級豪華船を内台航路に揃えていた。欧米航路に比べても劣らない巨船である。二泊三日で基隆に着岸する船旅であった。プールこそついていないが、一等は帝国ホテル並みのフランス料理フルコースと料亭並みの和食を提供し、二等は和食のみであったが、当時の内地の生活からみると格段と上流の雰囲気が漂っていた」

筆者は不明だが、この一文から日米開戦前の日・台間は、まだ、東シナ海の船旅が安全で、のんびり旅が楽しめたことが想像できる。外国人も乗船していたことだろうから、船内の食事には船会社も、とくに気を遣っていたのだろう。

月日は前後するが、ヨーロッパでは六月、ナチス・ドイツが独ソ不可侵条約を破ってソ連に侵攻。この独ソ開戦は九月に「日独伊三国同盟」を結んだ日本にとっては、国策を変更したほどの重大問題であった。すなわち、北方作戦を国策としてきた日本にとって、ナチス・ドイツのソ連侵攻により、北方作戦から一八〇度作戦を変えて、「南方作戦」による資源獲得で自給圏を確立するという南方政策に大きく変わることになる。

そして八月、日本はフランスに対して、仏印のハイフォンから中国雲南省の昆明に至る雲南鉄道が、蔣介石の国民党軍に対する援蔣ルートとして使われていることに厳重抗議し、ルートの遮断を要求する。交渉の結果「松岡・アンリ協定」が成立して、日本軍は鉄道を監視するため北部仏印のトンキンに進駐した。

そして、時代の転換点が一九四一年（昭和十六）七月二日に開かれた御前会議で、允裁を得た「情勢ノ推移ニ伴フ帝国国策要領」であった。内容は要領と方針で示されており、重要な項目は二項に集約されていた。

「一　帝国は自存自衛上南方要域に対する各般の施策を促進す。之が為対英米戦準備を整え先ず『南方施策促進に関する件案』に依り仏印及び泰に対する諸方策を完遂し、以て南方進出の態勢を強化す、帝国は本号目的達成のため英米戦を辞せず

一　独ソ戦に対しては三国枢軸の精神を基調とするも暫くこれに介入することなく密かに対ソ武力的準備を整え自主的に対処す。独ソ戦争の推移、帝国の為きわめて有利に進展せば武力を行使して北方問題を解決し北方の安定を確保す」

要するに、日本は従来の国策であった対ソ戦準備を、最高作戦ランクから下げ、ソ連を警戒しつつ南方作戦に比重を高めるという国防方針に切り替えたわけである。そのため、台湾が南方作戦の前進基地として急速に浮上したのも、前年の一九四〇年からであった。また、日本が資源確保のため東南アジアに目をつけ大東亜共栄圏構想を国策の一環として位置づけたのは、一九三九年十月に企画院がまとめた「帝国必要資源ノ海外特ニ南方諸地域ニ於ケル確保方策」というプランである。その目的は「東亜大陸及ヒ南方諸地域ヲ我カ経済圏ニ入ルル如ク施策スルコトヲ第一義トス」というものであった。

そして、一九四〇年七月には「基本国策要綱」を閣議決定して「日満支ヲ中心ニ食料、原料ノ自給経済態勢ヲ確立」することが確認され、また企画院でも同月「南方施策要綱案」を策定した。そこには政治的・経済的勢力圏として「仏領印度支那、タイ国、ビルマ、蘭領東印度、比利賓、英領マレー及びボルネオ」が版図に入れられていた。

海南島発信の手紙

このように、徐々に情勢が日米開戦に向けてきな臭くなってきた十一月、與一は中国大陸の南にある台湾についで大きな島の海南島へ、進駐している第四八師団特務部の要請で出張することになった。目的は農林、発電、水利調査で台湾大学の教授を伴っていた。また、海南島は二年前にすでに日本軍に占領されていた。それに與一は、この出張では珍しく、こまめに外代樹に手紙を書いている。内容を手掛かりに海南島での與一の行動を追ってみることにする。なお手紙は原文通りの記述とした。

「十一月十七日　海口にて

基隆午後二時発。海南丸は富貴角燈台迄、横波で食堂に残ったのは僕一人であった。淡水沖からは後方から船は押されて進むので大した事もなく天気も晴れて、本十七日正午海口沖着、午後海口に着きました。船中はやはり少しばかり酔うので本も読めず手紙も書くことが出来ませぬ」

当時、台湾と海南島の間には定期航路が開かれていて二〇〇〇トンクラスの客船が就航していた。週三便の運航である。距離は約一五〇〇キロで、南シナ海を二昼夜の船旅であった。基隆を出港したのは十五日である。そして、接岸した港は海口で島の北側にあり、島内ではもっともひらけた街であった。

「本日は其ぞれの所へ挨拶に行き、午後六時から台湾関係会社の招待で支那料理屋八時に終わって、九時特務部別館といふ立派な所に泊まる。寝室は一人である。

早速明日、亦海南丸で午後九時発、白馬井といふ所に竹那大といふ山の町に、一二三日居て付近を調査、海口に帰り三亜に船で行く筈である。来月三日頃亦海口に帰る。海口といふ町は相当立派な町であり、大稲程の様な通りがある。

靴も洋服も注文したのみで竹那大から帰って手に入る位である。台糖の永野君は本日出帆の船で帰台したので会へぬ。

仲なか忙しいので皆に手紙を出す時間がない、明日の荷物の整理をしたのが、只今午後十二時である。船中三日入浴はないのである。

明日は午後七時半起床、八時朝食、八時半発車、九時ランチ乗船、十時出帆である。（以下略）」

台湾関係会社とは台拓の海口支店のことで、特務部が用意した別館は接収したホテル。軍はホテルを迎賓館として使っていた。また、調査地への移動は船を使っており、ベースキャンプは海口であった。では、島内はどの辺りを調査して回ったのだろうか。手紙から場所を抜き出してみる。竹那大、加来、善港、陵水、満寧、崖縣、楽安、黄流、昌江、石緑山、三亜などで、與一は精力的に踏査していた。また、十一月二十九日発の手紙では海南島の地勢について書いている。

「今日は二十九日である。陵水といふ所に一日滞在す。台拓の事業地がある。小高い山に登り遠望して付近の状況を見る。勇士のお墓があったので黙祷して登。午後から事業地となる可き草地を見る。僅かの起伏ある大なる丘である。低い所には湧水があるので田を作っている。

海南島は水がないので灌漑第一であるといふことであるが、反対である。湧水が多いので排水第一である。排水が悪いのと肥料がないので取れないのである（以下略）」

台拓事業地といえば、台拓は海口と楡林に支店を設けており、事業は農林と畜産であった。また、事業地は八カ所にあり、農場でもっとも規模の大きい場所は與一も見学した「陵水農場」で、面積は約六万ヘクタール。一〇〇〇ヘクタールの水田を中心に野菜、黄麻、甘藷、サトウキビを栽培しており、製糖工場も経営していた。しかし、一年前の海南島はまったくの未開地であった。

次の日の手紙は気候や物産について書かれている。

「十二月一日。三亜に於て
昨日は陵水で朝起きると曇天で北風強く、呼吸が僅かながら白くなる。温度は何度かわからぬが終日寒し。メリヤスの中薄の下着に同じ程度の国防シャツ、レインコートで腰が寒い程度である。陵水から赤坂峠という悪路を通って午後三時には満寧といふ町に着いた。板橋といふ程度の町である。木の良く茂った所は麻豆に似ている。市場に魚が甚だ多い。長い二尺位の飛魚、黒鯛、サバである。米もザルに入れて売っている。

野菜、豚牛肉も多い。赤坂峠で気候が変わり台湾に於ける花蓮港地方となり、満寧は玉里に相当する。海口は台北に、三亜は恒春、感恩は台南、昌江は台中、文昌は宜蘭、加積は花蓮港、陵水は台東に気候上相当する。温度各々二度程度高く、雨量が三分の一程少ないと見れば間違いありません」

與一らしいきめの細かい観察である。海南島は北緯二〇度、南緯一三度に位置しており、台湾よりはるか南である。気候は亜熱帯だか雨量は台湾より少なく、山間部の多い土地柄だが、おおむね台湾に似た地勢といえる。また、海南島は鉄鉱石を豊富に埋蔵した山が至る所にあり、そのうちの一つの石緑山に登山していた。

「十二月九日　月曜
十一時半、石緑山に着く。この主山の高さは僅かに五〇〇メートルなり。高さ四〇〇メートル位の山が二つありて連続し弓形になっている。この二つの山の海抜二〇〇メートル位より以上に鉄鉱石の岩石点々としている。

三五〇メートルの所に鉄鉱石の岩山が出ている。深さが判らぬので一億トンを最小とし、十億トンを最大とするらしい。蕃人を入れて切払い道路工事探鉱中である」

日本軍が海南島を占領した目的は戦略物資の鉄鉱石を手に入れることであったが、その他にも農産物の開こんや米の増産も視野に入っていた。そして、作戦計画で海南島を拠点にしたのは、南方作戦用の、物資と兵員の集積地としたことである。

一九四一年（昭和十六）七月二十八日、日本軍は南部仏印に進駐した。海南島に集結した部隊は、近衛師団と独立混成第二一旅団を基幹とする第二五軍で、輸送船団は二十四日に三亜を出港し、仏印のサイゴンに向かった。與一が帰台して七カ月後のことである。

一九四〇年十二月十六日。海南島における與一の最後の手紙である。

「今日は日帰りで文昌へ行ってくる。明日は海口付近を視察。十八日のらぷらた丸といふので二十一日基隆着の予定である。（中略）一等基隆まで一五七円といふ事である。（中略）

（海南島は）大体烏山頭の様な冬草が赤くなる所である。寒い日もあるが暑い日もある。冬の北風は台湾ほど強くない。昼快晴の事が少ない所。夜星空である所台湾と似ている。唯台湾は粘土であり、海南島は土砂である。野菜や花は良く出来る。殆ど全部が看天田である。灌漑している耕地は実に少ない。現在なんといっても海口のみが市であり、他はすべて村である」

十一月十五日に台湾を出発した調査団は、一カ月余りかけて島内を踏査している。海岸から平野部、そして山間部まで、與一が灌漑施設を活用できる場所を隈なく回っていたことが手紙の文面ににじみ出ている。そして、調査結果をまとめた詳細な図面付きの報告書を総督府と特務部に提出する。また、報告書のダイジェスト版を翌年二月に「海南島の現状を語る」と題して、「台湾の水利」に発表。この論文は関係方面に大きな反響を呼び、総督府は無論のこと、台拓や台湾銀行、軍部にまで、海南島再開発の重要性が認識されたという。

第十二章　朝鮮・満州・中華民国を視察

年が変わり、時代は日米開戦の年の一九四一年（昭和十六）となった。與一は海南島の報告書を書きあげて、休む間もなく懸案であった台湾初の大甲渓電源開発計画の仕事に取りかかっていた。マスタープランはすでにできていたので、あとは細かい詰めの作業だけである。しかし、大甲渓の総合開発は電力を主体とした治山――農業にも活用できる多目的ダムを造ることが計画の骨子であるため、幅広い情報と技術の入手が必要であった。そのため、與一はこの手のダムを手掛けている各地の現場を視察することになり、五月から四カ月に及ぶ日本内地、朝鮮、満州、中華民国の出張が待っていた。また、與一にとってこの出張は、技術者としてもっとも充実した時間でもあった。そして、最期の長期出張となるのだが……。

先述したように、この年七月、日本軍は第二五軍を編成して海南島の三亜から仏印のサイゴンに向かい、南方進出の拠点を作っている。しかし、日本軍の南部仏印進駐は「無血進駐」とはいえ、アメリカを硬化させた。そして八月には石油の対日全面禁輸措置がとられた。アメリカは日本の武力進出に対して「経済制裁」で対抗したのである。日米間は一挙に緊張感が高まっていた。また、與一の出張先である中国大陸では、日中両軍が全面戦争に突入してから四年が経過しており、戦線は拡大する一方で、泥沼の状態にあった。

まず、調査団の出張スケジュールを眺めてみることにする。五月に台湾を出発した調査団の最初の訪問地は日本内地で、次は朝鮮、続いて満州国に渡った。中華民国は、日本軍が押さえていた北支五省のうちの綏遠、河北、山西、山東の四省を回った。全行程六〇〇〇キロに及ぶ長駆の出張であった。それに、この出張で與一がもっとも関心をもった土地は朝鮮と中国で、朝鮮は鴨緑江に建設中の水豊ダム、満州国は第二松花江をせき止めて建設している豊満ダム、また中国は黄河と揚子江であった。與一は出張前に、図書館や台北帝大に通って朝鮮、中国の政治、経済、産業、歴史などを知識として詰め込んでいた。なかでも、黄河と揚子江には強い関心があったようで、図書館長が「あんなにたくさん、本を借りていく人は初めてだ」と、驚いたという。

朝鮮へ

一週間で内地の視察を終えた調査団は、下関から関釜連絡船の金剛丸に乗船して八時間余りで朝の釜山に上陸している。初めて見る朝鮮の風物、とくに白磁に代表される「白の国」の民族衣装には眼を見張ったことであろう。一行は釜山桟橋駅から北京行きの直通急行「大陸」に乗り込んだ。

一九四一年といえば、朝鮮総督府鉄道局がもっとも発展した時期で、朝鮮半島全域に鉄道網が敷かれていた。なかでも、釜山―京城間を繋ぐ京釜線と。鴨緑江の国境の町、新義州と京城をつなぐ京義線は、半島を縦断する幹線であった。鉄路は鴨緑江の鉄橋を渡り、満鉄の安奉線につながり満州各地へ広がった。さらに中国の鉄道で中国各地へ行くこともできた。また、満鉄本線からシベリア鉄道に乗り換えれば、モスクワ、ベルリン、パリまで鉄道で行けた時代もあった。当時は朝鮮、満州、支那、いわゆる「鮮満支」連絡急行が運転されていて、調査団が乗車した「大陸」は朝、釜山を発車した。同じ北京行きの「興亜」は夜に釜山桟橋駅を発車している。また、満州国の国都「新京」行きの急行列車に「ひかり」と「のぞみ」も運転されていた。それに、満鉄の誇る特急「あじあ」号が、大連―ハルビン間を走っていたのもこの時代であった。

調査団が「大陸」に乗車したのは乗り継ぎ時間の関係で、京城に夕方の三時四十分に到着する予定であった。京城に途中下車した理由は、水豊ダムを視察するため所管の総督府土木局を表敬訪問したこと、そして水豊ダムを建設している鴨緑江水力発電会社の本社を訪ねるためであった。ちなみに、この会社はアンモニア合成法を開発した新興財閥の日本窒素肥料会社の子会社である。

ここで、調査団が訪れた時代の朝鮮について概況を述べてみたい。台湾同様、朝鮮も総督治政下にあり、植民地支配のシンボルとして王宮・景福宮の前に立ちはだかっていたのが、大理石でできた総督府庁舎である。これが朝鮮人を威圧していたことは先述した通りで、総督府を置いた李朝古来の地名「漢城」を「京城」と、改称させたのも総督であった。その権限は台湾で土皇帝と呼ばれた台湾総督よりもはるかに強大で、朝鮮総督は絶対的な権力者であった。

当時の総督は七代目の現役陸軍大将南次郎で、南は朝鮮人を天皇に忠誠を尽くさせるための「皇民化」政策を推し進め、半島全域にわたって神社を建立した。さらに、朝鮮名を日本名に変える「創氏改名」を推し進めた。また、総督に次いでナンバー2の役職は台湾の総務長官に当たる「政務総監」で、治安の要になる警察権力を一手に握っていた。

この時代、朝鮮も満州同様に総力戦に協力するため重化学工業の育成と資源開発を推し進めるために「重要産業統制法」が制定されていて、北部朝鮮の資源開発が重要政策になっていた。そして、そのタイミングに合わせるようにして朝鮮に進出してきたのが、前出の日本窒素肥料会社であった。後年、朝鮮半島に日窒コンツェルンと呼ばれるほど系列会社を持った。とくに北部朝鮮では重化学工業を中心として電力、製鋼、鉱山、冶金、化学肥料などの事業を展開していた。なかでも、咸境南道の城川江下流の興南に造ったアンモニアと硫安を製造する興南工場は朝鮮最大の肥料工場で、経営には傘下の朝鮮窒素肥料会社をあたらせていた。

しかし、資源開発には安価で勤勉な労働力が必要で、朝鮮窒素にしても鴨緑江水電にしても大半の労働力は朝鮮人に依存していた。当然のごとく、日本人労働者との間には賃金格差があり、朝鮮人は搾取されていた。また、強圧的な総督政治に対し、労働者、農民の闘争が広がりを見せていたのもこの時代で、「朝鮮民族解放同盟」をはじめとした反日政治団体が全土に一五〇も組織されていた。そして、これらの反日政治団体は軍事施設や鉄道、港湾、橋梁などを破壊する実力闘争を展開し、日本の軍警と各地で衝突していた。

與一らの調査団が訪朝した一九四一年（昭和十六）五月の朝鮮の政治状況は、表面上は平穏に見えたものの、内部は決して安定状況にはなかった。それでも、調査団は各地で歓迎されたようで、精力的に現場を視察していた。そして、メインイベントの現地視察は水豊ダムであった。

一行は朝鮮側から作業船で江を遡上して、河口から九〇キロの地点に建設しているダム現場を訪ねている。この鴨緑江の電源開発は戦前、日本が自前の技術と資材で朝鮮に建設した最大の土木工事で、全長八〇〇キロの鴨緑江を七段にせき止め、九州に匹敵する四万六〇〇〇平方キロを人工湖にするという巨大プロジェクトであった。また、七個所に建設する予定の発電所の総発電量は二〇〇万キロワットで、最大の発電所は視察予定の、重力式ダムでは世界第二位の水豊ダムであった。完成時の発電量は七〇万キロワット。堰堤高一〇六メートル、堰長八九九・五メートルの重力式ダムの有効貯水量は、なんと烏山頭ダムの七五・五倍の一一六億立方メートルもあった。もちろん、完成すれば満州の豊満ダムに次いで東洋で二番目の大発電所で、七個所の電力はすべて朝鮮と満州の軍需工場に送電する計画であった。

水豊発電所の工事は、前述した鴨緑江水電会社の手で一九三七年九月に着工されていた。完成は四四年十一月だが、調査団が視察した時期には一部が完成して送電を開始している。これだけの規模のダムを見学するのは與一にとっても初めての経験で、スケールの大きな與一にしても、このときの体験はやはり印象深いものがあったろう。そのほか、調査団が北部朝鮮で視察したダムは、水豊発電所の上流一五〇キロの地点に建設中の雲峰発電所で、堤高は水豊ダムよりも高い一一三メートルもあり、発電量は五〇万キロワット、有効貯水量は三〇億立方メートルの重力式ダムであった。後述するが、黄河や揚子江を見学したときは、水豊ダムや雲峰ダムの強烈な印象が焼きついていたのだろう、さらにスケールの大きい「八田屋のよいっつあん」ぶりで、自分のプランを吹いている。

調査団の次なる視察地は、満州第六の大河といわれる第二松花江をせき止めて建設している豊満ダムである。この季節、鴨緑江には穏やかな川風が吹いていた。

満州の現状

五月下旬。一行は日露戦争中に建設された京義線の国境駅新義州から、新京（現・長春）への直通急行列車「のぞみ」に乗車した。この街は鴨緑江を筏を組んで下ってくる木材の貯木場として発展した街でもある。新義州の対岸は満州国の安東県である。そして、両岸を結ぶ鉄橋が文字通り大陸との架け橋になる鴨緑江大鉄橋であった。特徴は水深のもっとも深い場所で一個所、トラスト橋が船を航行させるために旋回橋になっていることであった。しかし、戦略的な目的のために造ったこの橋は、両側に歩道が取り付けられていたとはいえ、なんと単線の鉄橋なのである。予算上の問題があったとはいえ、複線で建設するのが常識であった、大陸との重要な架け橋である。朝鮮総督府は末代まで禍根を残したといわれる所以であった。

調査団を乗せた「のぞみ」は満鉄の安奉線を通って奉天に出ると、その先は本線を北上して開原、四平街、公主嶺など満州国の主要都市に停まり、終着は新京駅になる。調査団の目的地は、新京からさらに満鉄が満州国から経営を委託されている吉長線に乗り換えて、東の吉林省第二の都市吉林に向かうのである。

しかし、調査団の新京、吉林市内の行動はまったく不明なので、豊満ダムの様子について述べてみることにする。

調査団が視察する豊満ダムは、吉林省の名山、長白山系に源を発する第二松花江をせき止めて建設しているダムで、吉林市内から上流二四キロの地点にあった。また、第二松花江の下流は媚江と合流して中国第五の大河松花江となり、吉林市内を貫流している。河川の仮締め工事が始まったのは一九三四年（昭和九）八月であった。また、このダムの建設も水豊ダム同様に軍需生産のエネルギー源として計画されたもので仕様は多目的ダムであった。その規模は水豊ダムよりはるかに大きく、堤高九一メートル。堤長一一〇〇メートルで、有効貯水量は琵琶湖に匹敵する六〇〇平方キロ、発電量は七〇万キロワットで、年間の発電量は三〇億キロワットの予定であった。

また、仕様が多目的ダムであるため発電のほかに、

下流の松花江の洪水防止

灌漑用水による給水で年間三〇〇万石の米の増産

工業、飲料用水の安定確保

などの効用を目的としていた。ダム建設については戦後、「偽満州国」を建国した日本軍国主義を告発する中国側の調査で強制労働の実態や万人坑が発掘され、工事の過酷さが浮き彫りにされている。しかし、調査団が視察した時期はダムが七割方完成していて、現場では中国人労働者の強制労働の実態や墓を見ることもなかったろう。調査団の目的はあくまで大甲溪電源開発の資料を得ることにあったからである。

また、調査団がこの地を選んだ理由にはその規模の雄大さがあり、それが具体的にどんなスケールであるのかを視察することに目的があったわけである。

当時、満州国総務長官の職にあった星野直樹は、ダムを見学してその感想を「見果てぬ夢」のなかに記していた。

「……もとより第二松花江はほかにもダム建設地点がある。全体で八カ所、これを集めると約二百万キロワットの電力が発電できると計算された（注・日本でいえば只見川を含む阿賀野川全水系、アメリカコロンビア川水系とほぼ同量である）

が、この豊満の地点では、十分に活用すれば、七十万キロワットの電力がとれた。ただ、それにはダムを高くし、大人造湖を作る必要があった。その湖水の長さは百八十キロ、その面積六百平方キロメートルメートル（琵琶湖とほぼ同面積）を越えることになる。

結局この大きさのダムを作ることが決せられた。高さ九一メートル、長さ千二百メートル。そしてダム完成後、順次七万キロの発電機を八台据え、二台分は予備として残しておくことが定められた。

すなわち第一次計画は、五十万キロであった。そして五年間で、これを建設することとし、その経費の予算は一億円と算定された。なおこのダムができれば、発電のほか、松花江の水はほとんど完全に調整できる。よって毎年の洪水から救われて良田となる土地は、十五万町歩に及ぶことが計算された」（原文通り）

一九四一年五月下旬に調査団が訪れた豊満ダムは、建設に取りかかってからすでに七年の時間が経過し、七割方の完成であった。星野の回顧談によれば工期は五年間であった。それだけ、難工事の現場であったのだろう。ちなみに、一部、発電を開始するのは四三年五月で、結局、豊満ダムは終戦までに完成させることができず、戦後、中国の手で完成している。

それと、調査団が満州を訪れた日米開戦半年前の満州国はどんな状況下にあったのか。関東軍の手でつくられた満州国は形式上、国務院が行政の最高機関であった。しかし、実態は関東軍による「内面指導」という、強権で動くロボット国家に過ぎなかった。その上、行政の実務を握っていたのは日本人で、そのトップが先出の星野も歴任した総務庁総務長官である。また、開戦前の満州は日本の総力戦にダイレクトに軍事協力をするために「満州国産業五カ年計画」を進めており、資源開発、資材供給、重工業の育成などがスタートしていた。そして、これらの事業を独占的に手がけていたのが、鮎川義介がつくった満州重工業会社であった。

また、満州を牛耳っていた五人男「東条英機、星野直樹、松岡洋右、岸信介、鮎川義介」は「二キ三スケ」と揶揄されていたが、この時代、東条と松岡は満州を離れていた。

ところで、調査団が離満したのは六月上旬のようであるが、豊満ダムを視察した後、どこを回って中国に入境したのか、コースは定かではない。しかし、鉄道を利用して入ったのは確かである。先述したように、日本軍が支配していた華北四省を視察していることは確かで、鉄道のコースを追ってみると、以下のような順序で回るのが合理的であった。

新京から満鉄本線で奉天に出る。そして、これも満州国から経営を委託されていた満鉄運行の「奉山線」

に乗り換えて、中国との国境「山海関」まで乗り継ぐ。続いて、満鉄も経営参加していた「華北鉄道」の路線で北京に出たのではないか。先出のように奉天から北京までは、釜山発の朝鮮鉄道の「興亜」と「大陸」が運行されていたので、山海関での乗り継ぎの不便を考えると、当然、「興亜」か「大陸」に乗車して北京まで、あるいは山西省の大同まで行けば途中、これも華北鉄道が経営する京綏鉄道に乗り換えたと思われるのだが……。

壮大な夢

調査団が視察した華北四省に察哈爾《チャハル》省を加えた五省を、当時日本軍は支配下に置いていた。もちろん、五省を支配した理由は資源の獲得が目的で、すでに同地区の資源調査は先行して一九三五年（昭和十）ごろから満鉄が全額出資して設立した「興中公司」が始めていた。それが、先述したように支那駐屯軍による「華北分離工作」で、経済圏の確立を図ったのである。調査団が同地区を訪問した時代は、この華北五省を経済的に支配するため、軍の庇護の下に「北支那開発会社」や「華北交通会社」が設立されていて、視察自体はそれほど危険ではなかったようだ。それに、調査団の目的は経済視察ではなく、河川や灌漑、また水田やダムの見学であったため、北支那方面軍の警護があり、順調にスケジュールをこなしていった。

與一はこの視察で、いたく中国に関心をもったようで、その感想を手紙で部下に送っていた。

「宜昌上流に五百尺の堰堤を造れば揚子江の治水の大半は出来た事になります。そして平均二千万馬力位の安い電力が宜昌で使はれる。別に一億円かけると年中一万屯の船が宜昌まで行き得ると思ひます。漢江も締め切つて此の水を河南省の一千万町歩の平野に灌漑しますと、日本の綿の解決は半分出来ます。黄河は上流に貯水池を造り、或は寧夏盆地に放流して蒸発すると、下流へ流れないから治水にもなり、蒙古で雨になり、砂漠に草が生え、黄塵万丈が少なくなるので北支は助かります。

而も高気圧に異変を生ずると思ひます。北支の灌漑は山西省の大行山脈の高原地に貯水池を造り、河北省の洪水をなくして水力電気を発生すれば良いと思ひます」（原文通り）

揚子江にダムを造って発電と治水を完成させる。締め切る場所は宜昌上流。堤高は一五〇《メートル》。與一らしいなんともスケールの大きな考えではないか。「八田屋のよいっつあん」ぶりは健在であった。中国という大地を踏みしめてその考えはさらに膨張していたようだ。揚子江流域の宜昌の街といえば、中国湖北省の西部にあり、ちょうど三峡の東に位置している。また、宜昌は交通の要所で下流の漢口との間には一〇〇〇〇《トン》クラスの船が運航していて、上流の重慶との間には五〇〇〇《トン》クラスの船が往来していた。三峡といえば今日、中国の世紀の大プロジェクトといわれる高さ二〇〇《メートル》・堤長二《キロ》、発電能力一八二〇万《キロワット》という世界最大の「三峡ダム」が建設されている場所で、半世紀前に與一が揚子江を遡上したときも、ダム建設の理想地点と、目をつけた場所であった。時代を経ても専門家の視点はそう変わるものでもないらしい。また、揚子江の堰止めは、発電と治水が目的であることも三峡ダムと共通している。

また、漢江（正確には「漢水」）は湖北省を貫流する大河で、漢口で揚子江に合流するが、途中で湖北の隣りの江漢平野に豊かな水を供給している。また、この大河は昔から黄河流域と揚子江流域を結ぶ水運として重要な交通路になっていた。與一は、その漢水にも目をつけて、灌漑による水田開発で河南平野を潤すことを考えたようだ。そして、その夢は黄河もせき止めて一大人造湖を造り、蒸発する水蒸気でモンゴルに雨を降らし豊かな草原地帯を育てるという、なんとも壮大な夢であった。

山西省の大同から山東半島の南にある青島までの最短距離は、正太鉄道で石家荘経由、済南―青島間を膠済鉄道で東下するのが一般的なコースであった。青島はドイツが建設した美しい港町で、日本との間に定期航路が開かれていた。華北四省の視察旅行は最終地の山東省に入った。しかし、この地での印象記は手紙などに一行も記されていなかった。與一にしてみれば書き残すほどの現場を見ることもなかったということか。いずれにしろ、調査団の一〇〇日を超える視察旅行は山東省で終わりであった。

青島から神戸行きの青島丸に乗船し、神戸に着いたのは夏の陽ざしも弱まってきた九月中旬であった。解団式は埠頭の食堂で行われたという。

調査団は報告書や出張の日程表などを当然、作っていたのだろうが、それらの資料を見つけることはできなかった。そのため、この章を書くにあたり参考にしたものは手紙や回顧談に載った文章である。そして、この二つの資料を筆者はアレンジし時系列に組み立てて、調査団の行動を追った記述になっていることを付記しておく。

第十三章　與一の殉職

神戸で解団式を終えた與一は、帰台する前に郷里の金沢に寄り墓参をすませている。実家にはすでに両親、兄弟は亡く、跡を継いでいるのは叔父であった。久しぶりの帰郷で與一ものんびりと故郷の静かな時間を過ごしていた。

帰台したのは十月上旬で、日米開戦の二カ月前であった。しかし、日台航路の船旅はまだのんびりとしており、目前の戦争をうかがわせる緊張感は漂っていなかった。その辺の事情を「台湾旅行案内」から拾ってみる。

「内地から台湾への交通は非常に便利で、台湾への航路にも神戸から門司を経由して基隆への航路を初めとし、大坂―高雄航路もあり、東京―高雄航路もある。が前者は最短経路であり、設備も亦もっとも優れている。

大阪商船、近海郵船の九千噸級の優秀船が就航しているので四日に亘る海上旅行は、何の不安も無く心楽しく過ごせる」

と、まあ、旅情を誘う案内で日台航路を紹介している。

それから二カ月後の十二月、日米開戦が報じられるわけだが、與一が開戦を知ったのは日本内地と同じようにラジオの臨時ニュースであったと思われる。大本営陸海軍部が開戦を公式に発表したのは十二月八日午前六時で、放送は一時間後。台湾は時差の関係で午前六時にラジオ放送を聴取していた。おそらく、総督府関係者は開戦を知ったのち総督府に非常呼集をかけられたのではないか。そして、判任官以上の幹部は直接、長谷川総督から開戦の事実をあらためて聞かされたと思うのだが……。

台湾も当然、南方進攻作戦の前進基地になっており、開戦前からとくに海軍航空隊の零戦や陸軍の一式陸攻が日本内地から飛来しており、開戦直前に台南と高雄の基地に集結した南方作戦機は二〇〇機を超えていた。台湾から飛び立った作戦機は、第一四軍のフィリピン作戦を支援する戦爆連合部隊であった。また、台湾を前進基地とした部隊は、台湾海峡に浮かぶ澎湖島の馬公を基地とした第二、第三艦隊で、陸軍部隊の輸送船団の護衛も目的としていた。作戦状況は以下のようなものであった。

「比島南部攻略の第二艦隊は南方作戦支援のため馬公に進出し、第三艦隊は比島上陸の第一四軍隷下の輸送船団を護衛するため馬公に待機。第一四軍はルソン島、比島南部に上陸すべく各先遣隊は馬公及びパラオに集結を終わり、進発準備中。また、第一四軍司令部、第四八師団及び軍直轄部隊の主力はリンガエン湾に上陸するため高雄及び基隆において乗船中」

この作戦行動は、開戦二三日前に台湾を中継基地として使った陸海軍部隊の動きである。当時、台湾には台湾軍が置かれており、比島攻略の第一四軍司令官に親補された本間雅晴も、第一八代の台湾軍司令官として在任したことがある。また、台湾軍の総兵力は二個師団、四個旅団に守備隊、砲兵隊、航空隊が配備されていたが、終戦時には第一〇方面軍が新設され、六個師団、七個旅団で兵力は約三〇万であった。海軍も基隆、花蓮、馬公、高雄などに四万五〇〇〇の部隊を置いていた。

準戦時体制になった台湾の生活は、以前と比べればだいぶ窮屈になったものの、前出の三日月が書いているように、日本内地と比べればまだまだ生活にゆとりはあった。それは、市場の品揃えを見ても庶民は実感として「ゆとり」を感じていたはずである。與一の総督府勤務は、台湾が準戦時体制になったとはいえ、家族の周辺で戦時色を嗅ぐことはなかった。また、與一にとっても徴兵は無縁の世界であった。と、いうのもこの年、與一は五十五歳になっており、通常なら退官の歳であるが、勅任官技師ということで定年が延びていたのである。

年が代わり一九四二年（昭和十七）の元旦は、東京に行っている晃夫と、嫁いだ二人の娘を除いた七人が官舎で新年を祝った。戦況もまだまだ日本軍は各地で連戦連勝しており、軍人の鼻息は荒かった。そして、日本軍は蘭印の石油資源を確保するための要になる重要作戦のマレー作戦を展開中であった。この作戦の鍵を握るのが、英軍が立てこもるシンガポール攻略作戦であった。一月十一日、第二五軍はクアラルンプールを占領。さらに三十一日にはシンガポールも占領してマレー半島の南半分を制圧したのである。また、蘭印最大の油田があるスマトラ島のパレンバンを陸軍の落下傘部隊が制圧したのは三月十五日であった。南方作戦最大の目標は石油をはじめとした鉄鉱石、ボーキサイト、レアーメタル、ゴムなどの戦略物資の獲得にあり、この時点で日本軍は当初の作戦行動を一応、成功させていたわけである。

南方産業開発派遣隊

三月、與一のもとに総督府を通じて東京の拓務省から「南方産業開発派遣要員」に徴用する旨の連絡が届いた。この南方産業開発派遣隊は戦前、日本が海外に送り出した専門家集団としては最大の動員で、人選には官民を問わず優秀な人材を送り出しており、選考は陸軍、海軍、拓務、商工、農林の五省が当たっていた。陸軍省といえば、前出の佐藤賢了は軍務課長の職にあり、四月二十日には軍政のトップ人事である局長に就任している。

それと、南方産業開発派遣隊が編成されたのは対米英蘭戦が順調に推移していたことと、南方資源を早い時期に開発、確保するという国策があったからである。それに、資源獲得の目標は開戦前から策定されていた。陸海軍は国策検討会を何度か開いているが、南方進出は対米開戦に結びつき海主陸従の作戦になるため、陸軍より海軍の方が積極的に南方進出を出張していたという経緯があった。しかし、消極的な陸軍のなかにも南進積極派はおり、軍務課長の佐藤、それに参謀本部作戦課長の服部卓四郎などが海軍と共同歩調をとっていた。

話が前後するが、日本が南方の資源を確保するために国策として初めて資源問題を検討したのは開戦二年前の一九三九年（昭和十四）十月で、企画院が「帝国必要資源の海外、特に南方諸地域における確保方策」という案をまとめた時である。その目的は「東亜大陸及び南方諸地域を我が経済圏に入るる如く施策することを第一義とす」というものであった。そして、翌年七月、近衛内閣は「基本国策要領」を閣議決定。それに伴って、企画院は「南方施策要領案」を作成した。しかし、プランとはいえ、その目指す政治的・経済的勢力圏は「南方施策の対象地は取り敢えず仏領印度支那、タイ、ビルマ、蘭領東印度、比利賓、英領マレー及びボルネオとす」と、開戦後、日本軍が進攻した地域を網羅していたのである。

それに、この南方産業開発派遣隊は官民合同の組織であった。とくに産業開発部門は民間大手企業から選抜された社員がほとんどで、分野は石油、鉱山、鉱業、製糖、油脂、繊維、農業、水産、林業、牧畜など多岐にわたり、出征社員は「産業開発戦士」と勇ましい名前で呼ばれていた。また、陸軍省では四月に南方に出陣する企業の代表者を集めて整備局長が訓示している。

「武力的戡定作戦も一段落、軍政布陣について南方資源開発にあたる経済戦士の第一陣の建設部隊約千人が現地に派遣されることになった。今回の部隊は、さきに基礎的布陣を終えた鉱山関係の開発体制につづくものである。これによって世界の宝庫、南方の資源はいよいよ我が戦力の培養、東亜十億の民衆の繁栄のため利用される日がきたのだ」

「戡定《かんてい》」とは、武力で戦乱を平定する意味だが、戦を仕掛けておいて平定とは妙な言いまわしである。しかし、そのことはさておき、派遣要員は第一次で一〇〇〇人。この第一陣に與一も指名されたわけで、この訓示から当局が二次、三次と派遣計画をもっていたことがうかがわれるのである。そして、この訓示の日に産業開発戦士を現地に輸送する船団指揮官も紹介されていた。後述するが、「船団」を組むということは護衛部隊が随伴するわけで、輸送船団は相当大掛かりな部隊編制であったわけだ。

ところで、與一が南方開発派遣要員に徴用されたのは灌漑の専門家としてで、フィリピンで棉作灌漑の適地を選定することと、ダム施設の適地を調査することにあった。また、與一の場合は民間企業の人間と違い、台湾総督府の現役の勅任技師であるため、肩書は「司政官」とだけ付けられていた。それに、徴用される技術者は與一を入れて四人で、他の三人は與一が人選していた。湯本政夫総督府地方技師、宮地末彦総督府鉱工局土木技師、そして宮地の部下の市川松太郎総督府土木技手の三人であった。拓務省の要請で総督府派遣の技術者は與一ら四人が選ばれたが、ほかにも拓務省管轄の南洋庁からも若干の技術者が選抜されており、台湾拓殖会社からも二人が派遣されていた。

　與一ら四人が基隆港を発ったのは、陸軍省で整備局長が派遣会社の代表を集めて訓示した日から四日後の四月十八日土曜日である。この日、東京は米軍爆撃機による初空襲を体験していた。

「午前十時頃警戒警報が発令されていたので、おやと思い、梅沢氏とすぐ二階の屋根に出てみる。すると足引込式の中型の飛行機が一台二百米とも思われる低空を、すぐ頭上東方、東南から西北に向かって飛んで行くのが見える。……」

　作家、伊藤整の「太平洋戦争日記」の記述である。足引込式の中型の飛行機と、伊藤は正確に観察していた。この日、飛来した爆撃機は東京から九〇〇キロ離れた太平洋上の空母ホーネットの艦上から発進した米陸軍の双発爆撃機Ｂ２５で、ドゥリットル中佐が指揮する一六機のうちの一機を、伊藤は二階から観察したわけである。東京が爆撃されたのは午後十二時十分であった。與一らは東京が米軍機によって爆撃を受けたことを知らされていたのだろうか。

内地へ

基隆を出発した一行は、門司経由で三日後の二十一日午前十時に神戸に着いている。そして與一は、この南方行きの仕事でも外代樹宛にこまめに手紙を書いていた。初信は四月二十三日木曜日である。

「台湾海峡に低気圧が出来たので海上波高く大分ゆれました。御蔭で潜航艇の危険なく予定通り門司入港、二十一日午前十時神戸に着きました。

ツバメの切符買損ね、神戸午後九時発、二十二日東京着、この日好天、富士は良く見えました。内地は五時にはすでに夜は明けます。

一日遅れたため第一ホテルは室なく、所々問ひ合わすも二十六日までは室なく、止むなく中山勝次郎宅に電話し、宿る事に決めました。

午前、局長に面会し、午後陸軍省、拓務省に参り、本二十三日午前五時起床、晴天でこの手紙を書きました」（原文通り）

手紙で「潜航艇の危険なく」と書いているが、潜航艇はおそらく「潜水艦」の書き違いであったのだろう。また、東シナ海に米潜水艦が遊弋《ゆうよく》している事を危惧したのはなんらかの情報を得ていたためではないか。東京の初空襲を知っていたがための用心であったと思われる。開戦四カ月後で米潜水艦の東シナ海遊弋や東京初空襲は、軍部にとっては由々しき問題であったはず。しかし、米潜水艦の東シナ海侵入はすでに開戦前の十一月、海軍作戦部長のハロルド・R・スターク提督から太平洋艦隊潜水艦部隊に作戦命令として発令されていた。

「もし、日米間で本格的な戦争が発生した場合は、極東の当該区域内では枢軸国の船舶に対して、潜水艦と航空機による無制限作戦を実施すること。ここで言う当該区域とは、北緯三〇度・東経一二二度と北緯七度・東経一四〇度とを結ぶ線の南側・西側を指し、これを『戦略地域』と宣言する」（『太平洋戦争・日本の敗因』より）

というもので、経緯度を追ってみると日本軍が緒戦で占領した地域を総てカバーしており、日本本土の懐にあたる東シナ海も商船を攻撃する無制限作戦区域に入っていた。ということは日台航路の船舶が潜水艦攻撃を受けたとしても、それは米海軍の既定の作戦行動であったわけだ。

二十一日午前十時神戸到着の日台航路の船といえば、近海郵船の「大和丸」である。それに、神戸発午後九時の列車というと、東京着午前十時の特急「富士」であった。そして、局長に面会しているが、その局長とは多分、事前に連絡しておいた軍務局長の佐藤賢了ではなかったのか。会えていれば局長就任二日後の面会で、幼友達の久しぶりの邂逅であった。それに、産業開発戦士のことについても少しは情報を得ていたのではないか。しかし、局長を軍務局長と推論したのは、あくまで筆者の説で、理由は就任祝いの表敬訪問であったと思われる。

四月二十七日。

「東京着以来好天で暖かである。二十二、二十三日拓務省と陸軍省に出て大体の方針を聞きました。二十四日正子訪問す経過良く一週間で退院せりと云ふ。御母様は信州に帰省され不在なり。祝物等凡て渡したり。

二十五日東京水道水源地小河内貯水池に行く。田中先生と共に大学生三十名ばかり見学に行くのと出合ひ、共に小野所長から説明を聞く。二十六日朝早く出勤す。午後大学に至り昨日の約束せるため土木教室で『将来東亜共栄圏に起こり得べき土木工事』と云ふのを話しました」（同前）

與一は一週間、東京に滞在し、拓務省や陸軍省を回って仕事に関する情報を集めていた。そして、奥多摩の小河内ダムを見学し、またそこで出会った帝大生との約束で、母校の土木教室で講演もしていた。それに、長女がお産で入院している病院も訪ねて台湾からの祝い物も届けている。やはり與一も人の親である。忙しいなか、娘を見舞っているのはなんとも微笑ましいかぎりである。

四月二十九日。次の手紙は伯父の八田四郎次に書いていた。

「追伸　佐藤君に台湾の土木技術者をして、スマトラの土木を委任して貰ひたいといふ希望を手紙したのでした。

頭株が内地から行き、その下に台湾の若い技術者が行くと面白くないようですから、スマトラは台湾、仏印は内務省、北支は朝鮮といふ決め方が良いと思ひます。これはセクショナリズムかも知れませぬが、荒つぽい建設の間はその方が良いのでせう。海南島でも内地から行かれたから、台湾では割り込むことはさけていいます（後略）」（同前）

烏山頭ダムで長年、台湾人や在台の日本人土木屋を使ってきた與一である。土木屋の気質や人間関係を熟知している與一ならではの、含蓄のある助言で佐藤軍務局長にも同じことを書いたのだろう。與一の生真面目さがにじみ出ている手紙であった。

五月三日。

「晃夫は朝早く学校（帝大工学部土木科に在籍）に行き帰ると直ぐボート練習で七時にならなくては外出できず夕食も共に食えぬ。ホテル夕食後（帝国ホテル）、午後八時四十分の二、三等急行で明日午後二時広島着、拓務省出張所に届け出て、五日午前九時に〇〇の輸送部に集まるのです。マニラ迄八日かかると云はれます。基隆、高雄に寄るかも知れぬが一切不明です。若し基隆に寄つたら台北に行くし、高雄に寄つたら電報を打つから高雄に来たら如何。（中略）比島へ手紙を出すなら、浅野君か名取君に頼んで陸軍部へ依頼すれば良いのです。『比島軍政部、経済部付。八田與一』で良ろしい筈です（後略）」（同前）

〇〇は伏字になっている。後述するが、地名で広島県「宇品」。軍港である。四日にはさらに詳しい手紙を書いているので記してみる。

「昨夜午後八時四十分下関二、三等急行にて東京駅発、本日午後二時広島下車、宇品にて切符購入、午後七時宮島岩惣旅館に宿りました」（同前）

與一ら四人は五月三日の夜東京を発ち、翌日の午後広島着。駅で宇品行きの切符を買うとその後は、安芸の宮島まで行き旅館に泊まったわけである。そして、翌五日午前九時に宇品の輸送部に集合というスケジュールであった。文面を解説すればいたく簡単だが、総勢一〇〇〇人からの産業開発戦士が宇品の陸軍輸送部に集合するのである。それも、五月五日の午前九時と指定されている。集まってくるのは派遣隊以外に、軍人は別として東京で人選に関係した役所の人間である。與一の場合は拓務省だが、ほかに商工、農林関係の役人も出張しており、派遣会社の関係者も見送りに来て、それこそ出発前後の数日間は広島、宇品の街は関係者で埋まったはずである。

大洋丸乗船

また、與一は手紙で派遣隊が乗船する船についても書いていた。五月四日の手紙である。

「……大洋丸といふ一万六千噸の船で〇〇〇人位ひ南方開発の人々が乗るのです。元鉄道部の技師小山三郎氏もボルネオに行くので同船するのです」（同前）

〇〇〇は一〇〇〇人である。大洋丸は船名からして民間船であるが、当時の民間船舶は「戦時海運管理要綱」で、五〇〇〇トン以上の鉄鋼船はすべて国家の管理下に置かれており、それらの船舶を一元的に管理・運用する組織として「船舶運営会」が設立されていた。またほかにも、陸軍と海軍が徴用して、直接、作戦に運用する船舶があり、陸軍徴用船を「A船」、海軍徴用船を「B船」、そして前出の船舶運営会の用船を「C船」と呼んでいた。このC船が誕生した経緯は国家総動員法によるもので、国が全船舶の使用権を独占して、船舶運営会に貸与するという形式になっていた。もちろん、大洋丸もC船でこの時代、一万トンを超える船舶はほとんど徴用されていて、船舶運営会にも在庫がなかったという事情があり、それで派遣隊の用船に大洋丸が指定されるという経緯があった。

ありし日の大洋丸

大洋丸は日本郵船所属の貨客船で一万四四五七総トン、全長一七一メートル、幅一九・七メートル、深さ一〇・六メートル、最大船速一六・五ノットであった。建造は一九一一年（明治四十四）、ドイツで、第一次大戦の戦後賠償として日本政府がドイツより受け入れ、その後日本郵船に払い下げられたものである。活躍したのはサンフランシスコ航路や上海航路で、船舶運営会に傭船されたときは船齢三一年の、どちらかといえば老朽船であった。

とはいえ、外国航路で活躍した貨客船である。船齢三一年の船にしては設備も豪華で、一万トンを超える六層の船体は乗船客には安心感を与えていた。そして、乗組員を含めれば一二〇〇人からの人間をのみ込んでの出港である。つけられた船団名は「１０９船団」であった。

一〇〇〇人からの派遣隊は大半が商工省、農林省から人選された産業開発戦士で、役人の身分で乗船したのは二〇〇人たらずであった。そして、與一の身分は総督府が派遣した司政官である。そもそも、司政官とはどんな役職で、何をすることにあったのか。一言でいえば、占領地の行政官で「南方軍政」と密接な関わりをもっていた。制度として発足したのは一九四一年(昭和十六)十二月十二日の大本営政府連絡会議で決定された「南方占領地行政実施要領」に依っており、そこで軍政と資源開発の基本方針を決めている。また、軍政の基本方針を決定するのは参謀本部で、行政に関する事項は陸軍省の所管であった。そして、省内に「南方軍政部」をつくり、トップの南方軍政部長は軍務局長が兼任していた。

與一は手紙のなかで比島での宛て先を「比島軍政部・経済部付」としているが、司政官の制度や定員が陸軍で定められたのは南方開発派遣隊が編成される二カ月前の一九四二年三月で「陸軍特設部隊等臨時職員設置令」が公布され、南方総軍に「軍政総監部」を置き、その下に「軍」の「軍政監部」が置かれた。與一が派遣されたフィリピンは第一四軍が占領しており、軍政監は参謀長の前田正實中将が兼任していた。

また、軍政の三大目標は、

・治安の回復
・重要国防資源の獲得
・作戦軍の自活確保

であったが、強圧的な軍政の実施に現地住民は反発し、また占領軍に抵抗してゲリラ活動などが占領各地で頻発したという事実もあった。

陸軍省では広大な南方占領地域の軍政を実施するに当たり、文官の高等官、判任官を八〇〇〇人任命した。高等官のなかで親任官は五人、勅任官が五〇人、奏任官が一八〇〇人で、司政官の数はフィリピン担当の第一四軍で二〇人であった。そのうち勅任官は、與一を含めて六人であった。

また、調査事項は民族、気象、風土、教育、商工業、農林水産、交通、金融、財政など多岐にわたり、與一のような技術者のほかに、研究調査員として、国や民間の研究所からも専門家が派遣されていた。さらに海軍も陸軍同様に、海軍の占領分担地域には現地機関として「海軍民生部」を設置しており、民生官には南洋庁の役人や現地在留邦人を選任して軍政の実施に当たらせた。ちなみに、海軍の指揮系統は海軍省（軍務局長所管）―艦隊司令長官―根拠地隊司令官―民生部長という形になっていた。

與一が司政官に任命された経緯と南方軍政と司政官の関わりを述べてきたが、要は、民間人と比べて役人の方がはるかに「司政官」に任命される機会が多かったようである。

一九四二年五月五日。集合場所は宇品の陸軍輸送部となっているが、正確には憲兵隊馬場前で、集合時間は午前八時半であった。その時の様子を「企業戦士、昭和十七年春の漂流」のなかで、著者の小田切誠が描写している。

「経済戦士たちは続々と集まってきた。馬場前の陸軍輸送部につながる道路も人で埋まっている。㊔の腕章を巻いた商工関係者、㊕の腕章をした拓務省関係者、㊎で軍属であることを示した者。背広、国民服、戦闘帽、水筒、日本刀、服装はまちまちだが、千人をこえる経済戦士たちが集まった」

この、一〇〇〇人を超える群集のなかに台湾の台拓の社員や朝鮮の東拓の社員もいて、與一ら三人と同じように乗船を待っていたことだろう。また、與一がどんな服装で集合したのかは定かではないが、想像するに海南島出張の折に着ていた防暑服に布製のヘルメット、それに編み上げ半長靴といういで立ちであったと思われる。憲兵隊馬場前は派遣隊の喧騒で一刻、ごった返していたが、九時きっかりに輸送指揮官の訓示があり、乗船開始は一時間後と告げられた。

岸壁に係留された大洋丸はさすがに大きく、見上げる高さにデッキが造られていた。それに船室は改造されることなく、もとのままで一等、二等、三等に分けられていた。多分、與一は二等の部屋を使ったのではないか。それは、広島行きの列車で二等を使ったことからの想像に過ぎないのだが……。

ところで、先述したように、大洋丸は産業開発戦士を乗せて日本軍が占領しているフィリピンや仏印、マレー半島、蘭領東印度のボルネオ、ジャワ、セレベスなどの南方地域に向かうわけで、僚船と共に「109船団」を組むことになっていた。当然、船団には護衛部隊が付くわけだが、当時の日本海軍の海上護衛はどんな状況にあったのか、概括してみることにする。

貧弱な海上護衛

南方の資源を内地に運ぶために帝国海軍が船団護衛を専門とする海上護衛部隊を正式に発足させたのは、なんと南方開発派遣隊が編成される一カ月前の一九四二年（昭和十七）四月十日であった。まず、内地―シンガポール（注・二月大本営は昭南島と改称）間に第一護衛隊、内地―トラック島間には第二護衛隊を編成した。しかし、その内容は至ってお粗末なものであった。当時、海上護衛総司令部の作戦参謀の任にあった大井篤は、自著『海上護衛戦』で、そのお粗末さを書いている。

「……しかし、これらの部隊はまことにお粗末なものであった。第一護衛隊の方は旧式駆逐艦十、水雷艇二、特設砲艦（商船を改造したもの）五、計十七隻。第二海上護衛隊は旧式駆逐艦四、水雷艇二、特設砲艦七隻」

昭和の初期に建造された老朽の駆逐艦や外洋で果たして荒波を乗りこなせるのか危うい水雷艇、それに商船に若干の武装を施した特設艦程度の船で編成した護衛部隊である。著者自身作戦参謀の役職にあって、その貧弱な護衛部隊を嘆いている。

「こんな貧弱な兵力で門司―シンガポール間二五〇〇余海里（約四五〇〇キロ）、横浜―トラック間一八〇〇余海里（約三三〇〇キロ）の航路を守るんだと、仮にも決めてかかった当時の計画は、これをアメリカ海軍のやり方と比べて、なんと情けないことだろう」

大井が嘆いたアメリカ海軍のやり方とは、門司―シンガポール間より短い護衛区間に、二八〇隻の護衛艦、いわゆるフリゲート艦を張りつけてドイツの潜水艦Uボートを警戒していたのである。

いずれにしろ、大洋丸が南方に向けて宇品港を出港したのは、こんなお粗末な船団護衛のなかであった。単船で出港し、瀬戸内海から門司港に入港したのは当日の午後三時であった。そして、一時間後には、関門海峡を抜けて下関の西、五キロにある六連島沖に投錨している。それは、この島が船団の集結地になっていたからである。そして、午後六時までには御影丸、どうばあ丸、吉野丸、隆西丸の各船も揃い、大洋丸を入れて五隻の船は集結を終えた。

六連島に船団が集結したのは、護衛部隊の第一海上護衛隊の特設砲艦北京丸で船団会議を開くためであった。

船団会議でもめたのは、「船団」の船足を何ノットに揃えるかという問題であった。砲艦の北京丸は最大船足一三ノット、大洋丸は一六・五ノットで、もっとも船足の遅い御影丸は最大でも九・五ノットしか出せない船である。通常、船団を組む場合はもっとも船足の遅い船に合わせるのが常識で、議論はやはり船団の船足を何ノットに揃えるかということに尽きた。とはいえ、最後まで船団の船足を決定することができず、「109船団」は翌六日の正午、六連沖を抜錨して東シナ海を五島列島に向けて出帆した。船団護衛についた護衛船は北京丸たった一隻であった。

撃沈された大洋丸

六連島沖を出帆して二日後の五月八日、船団は五島列島沖を通過して午後七時には男女群島の沖合い八五マイルの海域にさしかかっていた。先頭の北京丸の次に大洋丸はついており、その地点をのちに大洋丸を撃沈した米潜グラナディア号は、北緯三〇度四五分、東経一二七度四〇分と記録している。

そして、大洋丸が魚雷攻撃を受けたのは午後七時四十五分で、第一撃で大火災となり、沈没は一時間後であった。また、この時間、船内は前日、マニラ湾のコレヒドール島が第一四軍の第四師団の猛攻で陥落し、その祝賀会の酒宴が大いに盛り上がっていた。

酒宴から一気に地獄の海に放り出された乗客乗員は、それこそ地獄絵を見たことだろう。その日の夜から翌朝にかけて救助された乗員乗客は五四三人。また、死亡、行方不明が確認されたのは五〇人たらずで、與一ら三人はその確認された遭難者のなかに入っていなかった。そして、後日判明するが、救助されたのは宮地末彦技師だけであった。それに、「109船団」で被害を受けたのは大洋丸だけで、他の船は北京丸を含めて全船無事であった。

東拓の社員は、渡辺浩哉団長以下七人が、與一と同じフィリピンのルソン島に派遣されていた。そのうち救助されたのは二人で、渡辺は生前、奥さんに遭難時の様子を次のように話していた。

「もうだめだという時、ありったけの衣類を着て海に飛び込みました。板切れに把まり、できるだけ船から離れました。半日以上漂っていたでしょうか。ときどき船が通るので一生懸命助けを求めましたが、船からは波に隠れて見えないらしく通り過ぎてしまい、無念の涙をのみました。とうとう一隻の船がわれわれを見つけ、ボートで助けてくれました。ボートから本船に乗り移るとき、あわてて我さきに乗ろうとして大波にさらわれて命を失った人もかなりあります（後略）」

これは想像だが、與一らも東拓の社員同様、海に飛び込み助けを求めたのだろう。しかし、東拓の犠牲者と同じように波に呑まれて行方不明になってしまったのではないか。

軍はもちろん、大洋丸事件を極秘扱いにして一切の報道を禁じた。しかし、いくら箝口令を敷いても、事件が生存者や家族の口を経て外部に伝わるのを伏せることはできず、陸軍省は事件から一週間後に、公式に撃沈の事実を発表した。朝日新聞の記事を引用してみる。

「去八日夜、東シナ海を航行中の我が〇〇丸は突如敵潜水艦の攻撃を受けて、無念にも大火災を起こして沈没した。同船には南方占領地の経済開発関係者が多数乗船していたが、闇夜の上あまつさえ波浪高く、避難、救助とも困難をきわめて、ついに多数の犠牲者を出すに至ったことは返すかえすも残念至極で、しかもこれらの人々は南方開発の雄図に燃え勇躍挺身の途中であっただけに、その遭難は痛惜極まりないものである（後略）」

また、犠牲者の供養も二転三転して合同慰霊祭はなかなか進まず、新聞発表の日にはとりあえず十二日までに収容された遺体を荼毘《だび》に付して、三菱造船所のある長崎の三菱会館で陸軍を代表して要塞司令官が施主になってひっそりと慰霊祭が執り行われた。しかし、この慰霊祭の日までに與一と他の二人の遺体はまだ発見されていなかった。遭難者は最終的に八一七人と確認されたが、遠方では東シナ海の海流に運ばれて朝鮮の済州島付近まで流された遺体もあった。

では、大洋丸遭難の連絡はどのようにして遺族に知らされたのだろうか。当然、生き残った宮地は収容先の長崎で合同慰霊祭が行われる日まで必死になって三人の行方を追い続けていた。しかし、宮地は三人の生死を確認することができず、数日して帰京し、台湾総督府東京出張所が置かれている拓務省に出頭し、遭難の事実を報告している。

陸軍省から総督府東京出張所に正式に遭難の報告が届いたのは遭難から四日後の十二日で、その連絡は直ちに台湾の総督府と在京の長女正子の許にも知らされた。そして、総督府と家族が與一の死亡を正式に確認するのは遭難から一カ月を過ぎた六月十三日であった。遺体は遭難現場からはるかに離れた日本海の見島付近で、発見者は出漁中の漁船の船長であった。身元がすぐ判明したのは、上着の内ポケットにしまわれていた名刺入れからで、海水に洗われた名刺の数枚はインクが消えていなかった。名刺には「台湾総督府勅任技師・八田與一」と刷られていた。遺体は損傷と腐敗がひどいため、一時仙崎の海岸に仮埋葬された。所持品から身元を確認したのは晃夫と台湾から派遣されてきた部下の白木原技師の二人であった。また、技手の市川の遺体はそれから間もなくして済州島の海岸で発見されたが、残念なことに湯本技師の遺体は発見されることなく未確認で終わった。

総督府葬

七月十六日。総督府は総督府葬をもって與一の霊に応え、総督以下数百名の関係者が御仏を送り出したという。もちろん、市川、湯本と三人の合同葬であった。

長崎駅前から市電の線路を越えて、東に坂を上っていくと日蓮宗の本連寺がある。急な石段を登りきると広場があり、さらに続く石段の横に高さ二メートルほどの三段で作られた石碑があることに気づく。しかし、注意して観察しないと見過ごしてしまいそうな石碑である。表に彫られた文言は「南方産業建設殉職者之碑」と刻まれている。この碑は大洋丸が遭難した翌年の五月八日に建立されたもので、施主は陸軍省であった。碑の向かって左側に碑文が刻まれている。碑文を書いたのは與一の朋輩で、当時も軍務局長の要職にあった佐藤賢了少将だといわれている。碑文はカタカナ混じりで読みづらいがそのまま記してみる。

「大東亜戦勃発シ占領地域ノ拡大ト共ニ南方建設ノ業急務トナルヤ各関係官庁並ニ開発企業担当会社ヨリ

産業開発戦士選抜セラレ勇躍大洋丸ニ乗船シ壮途ニ就ク。

然ルニ可惜昭和十七年五月八日東支那海ニ於テ不幸敵潜ノ冒ス所トナリ其ノ一部ハ本船ト運命ヲ共ニスルニ至レリ。

然レ共之等殉国ノ壮図ハ国民ノ斉シク敬仰措カザル所ニシテ其ノ崇高ナル犠牲ハ後前ヲシテ踰感奮憤起セシム。

陸軍当局ハ特ニ生前ノ行績ヲ記念スル為ニ本碑ヲ建立シ以テ殉国ノ英霊ヲ慰ム。

昭和十七年五月八日　　陸軍省」

本連寺に建てられた慰霊碑

本連寺には殉職者八一七柱が葬られているというが、筆者は犠牲者の名を確認していない。また、葬儀の日取りは遺族にほとんど知らされず、軍関係者の手でひっそり執り行われたという。享年五十六歳。八田與一は台湾の八甲渓電源開発を見ることなく逝った。年譜によれば、與一はこの殉職で台湾総督府から二階級特進の辞令と正四位勲三等に叙せられた。

最後の官位は総督府勅任技師・高等官二等であった。

八田與一は五十六歳で逝った。しかし、フィリピン行きでも事前調査というか、南方圏のことを十分調べていた。例えば、電源開発でスマトラ島のトバ湖に関心をもったのも豊富な水量からである。

「電源の開発については、もう日本のやつも台湾のやつも高いコストになって駄目だ。スマトラのトバ湖のものが一番安い電源であろう。何故安いかといふと、今迄の日本内地の電源は落差を使ふだけだった。之等水豊かにしても、満州のやつにしても落差が無いので先ず或る高さ迄上げて、大量の水を落として発電するのであるが、トバ湖は落差は十分にあり、天然の湖だから水の量は沢山ある。之以上の安い電源はない。

将来南洋圏で工業を興すにはスマトラで興せといふ話をしてました。何処へ行ってもその話ばかりしてました」（原文通り）

この話は、唯一、生き残った宮地が「水明かり」のなかで語っていた與一のスマトラ話である。宮地は広島行きの車中でも厳島の旅館でも與一からトバ湖のことや、夢のある話を聞かされていた。ここでも與一は、八田屋のよいっつあんぶりを遺憾なく発揮していた。それに話は、任地のフィリピンのことより、ジャワ、スマトラ、ボルネオの話の方が多かったようである。

スマトラ島のトバ湖。與一は、朝鮮、満州、中華民国へ出張したとき豊水ダムや豊満ダムを視察しており、揚子江と黄河も見学している。そして、気宇壮大な感想を述べている。そして、今回のフィリピン出張でも自然湖のトバ湖に目をつけていた。それは、トバ湖の豊かな水を利用した灌漑発電の考えであった。

そもそもトバ湖とはどんな自然湖なのか。筆者は現地を訪ねていないので数字のデータでしかトバ湖を語ることができないが、なんとも大きな自然湖なのである。

「スマトラ北部の大カルデラ湖。長さ約一〇〇㎞、幅約三〇㎞、湖岸線約二九四㎞、面積約一一三〇平方㎞、湖面の標高九〇五m、最大深度五二九m、中央には高度一六八五mに達する巨大なサモシル島がある」（平凡社・世界大百科事典）

なにやらこの島は、ネモ船長などが登場する古典SF小説のモデルになった島のような気がするのだが……。ともあれ、面積が琵琶湖の約一・七倍もある自然湖で、標高九〇五㍍の高地に広がるカルデラ湖である。與一は、この湖の情報をどうやら満鉄東亜経済調査局が編纂した南洋叢書の「蘭領東印度編」から得ていたようである。いずれにしろ、與一の生前の夢は日本内地や台湾には納まりきれず、大陸へ、南洋へと広がっていたことが、宮地の話などから推察できるのである。

第十四章　終戦――外代樹の死

一九四二年（昭和十七）七月十六日、與一ら四人の総督府葬は総督府二階の大会議室を使って執り行われた。当日、別れを惜しんで献花した職員は、暑さにもかかわらず数百人に及んだという。祭壇に飾られた法名は、先述したように「啓徳院釈拓誉大居士」で、総督府が、台北に置かれた東本願寺と相談してつけたものといわれており、「東」は八田家の宗門である大谷派であった。

残された家族は、東京に出ている正子と晃夫を除くと、台湾に六人の子供と外代樹の計七人がいた。下の子は六女の成子で、この年十一歳になっていた。また、母親の手助けをしていたのは台北の高等女学校に在学していた四女の嘉子と四歳違いの妹、玲子であった。筆者は、当時の八田家を知る人を見つけて與一死後の八田家について取材してみたかったのだが、残念ながら捜し当てることができなかった。

しかし、想像するに遺族の生活はさほど苦しいものではなかったのではないか。故人は、総督府から派遣された勅任技師で、その上、陸軍が任命した司政官の身分である。手厚い補償もあったろうし、また、殉職扱いの身分はそれ相応の慰労がされ、総督府も遺族に報いたことが想像できるのである。なにしろ帝

八田家の家族

大在学中の晃夫には、與一の死後も外代樹から毎月当時の金額で、学資として一〇〇円が送金されていたというから、経済的に八田家は困ることはなかった。それに、住む家も総督府から無償で提供されていたというから、六人の子供を抱えた外代樹は働くことなく、家事と子供の教育に専念できたと思えるのだが……。

與一の死後、ミッドウェー海戦を境に戦況は攻勢から守勢に転じ、延びきった補給路は各戦線で絶たれていた。また、太平洋における日米戦の天王山と称されたガダルカナル島の攻防戦も、ついにこの年十二月には日本軍の敗北で終わり、将兵の撤退作戦が年明けも引き続いて行われる状況にあった。占領した島から撤退する「敗北」にもかかわらず、軍は「転進」なる言葉で撤退作戦を繕っていたのである。また、ガダルカナル島撤退は「餓島」作戦といわれたほど将兵は飢餓に苦しんだ作戦であった。

開戦三年目に入った四三年三月十九日、台湾の在留邦人を震撼させる事件が起きている。それは、日台航路に就航していた近海郵船の優秀船高千穂丸が、東シナ海で米潜水艦の魚雷攻撃を受けて撃沈されるという事件で、乗員乗客一五〇〇余人の犠牲者が出ていた。この高千穂丸撃沈事件で、在留邦人が肌身に感じた危惧は、日本内地と台湾の間の交通線が遮断されることであった。

そして九月、東条内閣は台湾にも一九四五年から徴兵制を施行することを決定した。

商船の遭難といえば、十月に入って軍人ら乗員乗客一八五七人を乗せて基隆港を出港した日本郵船の「富士丸」と「鴨緑丸」の船団が、目的地の神戸港に到着する前、奄美大島沖で、これも米潜水艦の魚雷攻撃を受けた。富士丸は沈没、僚船の鴨緑丸は攻撃を免れ、生存者を救助しながら、予定航路の五島列島沖を航行し、門司を経由して神戸港に無事到着していた。このように、一九四三年に入ると、日台航路のコースになっている東シナ海は米潜水艦が至る所に出没し、事実上、定期船は運休状態に追いつめられていった。

また、台湾が作戦地として「戦場」に指定されたのは三月二十二日で、大本営陸軍部は沖縄に第三二軍を配備、台湾軍にも二個師団増強して戦闘序列を下命した。

それに、延びきった戦線を縮小するため大本営政府連絡会議で「今後執るべき戦争指導の大綱」を決定し、三十日の御前会議で允裁を得た。その大綱のなかで「絶対国防圏」を線引きした。その地域は「千島、小笠原、内内洋（中西部）及び西部ニューギニア、スンダ（現在のインドネシア）、ビルマを含む要域」であった。

台北空襲

しかし、軍部が絶対に死守すると言い切った絶対国防圏も、翌年になると中部太平洋の一角が米軍機動部隊の奇襲で、もろくも切り崩され制海権、制空権を米軍に奪われている。そして、サイパン、グアム、テニアンの各島も奪回され、日本軍守備隊は「玉砕」していった。陸海、海兵隊の米軍は北から南から、そして東からと絶対国防圏を各所で打ち破り、日本本土に向けての侵攻作戦を進めていた。

こんな戦況のなか、台湾が米軍機による空襲に見舞われたのは一九四四年（昭和十九）十月で、延べ一〇〇〇機による空襲は南部から北部にかけて縦断する形で行われた。そのとき、十二日から十六日にかけて新竹沖合の台湾海峡上空で繰り広げられた日米航空戦が、いわゆる「台湾沖航空戦」であった。この航空戦を仕掛けた米軍の狙いは、マッカーサー軍のレイテ上陸作戦の陽動作戦として実施されたもので、戦場にもっとも近い兵站基地の台湾の軍事施設を叩くことが目的であった。ちなみに大本営は、この台湾沖航空戦の戦果を「空母十一、戦艦二、駆逐艦十七撃沈。空母八、戦艦二など二八隻大破、航空一一二機撃墜。わが方の損害未帰還機三一二機」と発表。国民には大戦果を祝ってもらうためにと、政府は清酒一合を特配していた。しかし、この戦果は確認の手落ちと現地軍の功名心から中央へは過大の報告となり、実際の戦果は「大破重巡一、軽巡一、小破空母二、軽巡一、駆逐艦一、撃墜八九機」というもので、空母、戦艦の撃沈は一隻もなく、いわんや撃沈した艦船はなく、損害を与えたのはせいぜい大破の重巡一隻に過ぎなかった。

こんな幻の戦果に酔っていた日本内地とは異なり、戦場に指定された台湾では、この台湾沖航空戦の後にも米軍機の空襲は頻繁になり、とくに台南、高雄の南部地区が空襲にさらされていた。そして、米軍機は、各所に「伝単」と称された宣伝ビラを撒いていた。当然、憲兵隊や警察は神経質になっていた。「この頃から米軍機は台湾人に対して『米軍は日本帝国主義から諸君たちを必ず解放する』『米軍は諸君たちの祖国復帰を約束する』などの伝単を各所に撒き散らした。

このことは憲兵隊や警察をさらに神経質にした。ラジオ・ニュースは『米軍の撒いた伝単を拾得したものは直ちに焼き捨てるか警察に届け出よ。決して保存してはならぬ」

当時、台北の松山飛行場に勤務していた富沢繁が『台湾終戦秘史』で書いている台北市内の様子である。台湾も一九四四年十月を過ぎる頃には、各地に米軍機が侵入して空襲を繰り返し、お膝元の台北にも宣伝ビラを撒くほどの航空優勢の状況にあった。

台北も空襲を受けるような状況にあったなか、八田家の家族はどんな環境にあったのだろうか。長男の晃夫は帝大を繰り上げ卒業して海軍に志願し、任地の佐世保鎮守にあった。長女の正子は夫と子供の三人で東京暮らしであった。また、四女の嘉子は正子の家に寄宿して女学校に通学。台北の家には三女の浩子と五女の玲子、それに末っ子の成子がいた。二男の泰雄は台北高等学校の三年であったが、学徒動員で高雄にある海軍航空隊に応召していた。残る家族は外代樹と三人の子供たちだけであった。それと、気にかかったのは台北で結婚式を挙げた二女の綾子の所在だが、晃夫も綾子が台北にいたという記憶だけで詳しい所番地は覚えていなかった。

空襲といえば、東京は米軍のマリアナ諸島の占領でB29の爆撃圏内に入って初空襲を受けた。それから間もなくして、日本本土は連日B29の絨緞爆撃を受けている。東条内閣は七月に総辞職し、後継内閣は陸軍大将の小磯国昭が組閣していた。しかし、内閣が変わったところで戦況が変わるはずもなく、一九四五年に入ると米軍は硫黄島に上陸。日本軍守備隊は玉砕した。そして、沖縄攻撃が始まるのである。四月、台湾で徴兵が始まり、在留邦人も戦地に送られていった。

軍の中枢の台湾軍司令部が空襲を受けたのもこの時期で、五月三十日の午後、初弾が庁舎に命中して炎上した。軍司令部の建物は書院町にあり、近くには総督府、高等法院、地方法院、それに、衛戍監獄があった。幸いというか、他の建物に被害はなかったが、近隣では鉄道ホテルが破壊され、台北帝大も被害を受けていた。それと台湾軍司令部は前年九月に沖縄の第三二軍を指揮下に置いた第一〇方面軍司令部に編成替えになり、軍司令官は総督兼任の安藤利吉陸軍大将であった。

八田の家族が台北を引き払って台南に疎開したのは終戦の年の五月で、台北はそれこそ、三日に一度は米軍機の空襲に見舞われるという状況下であった。疎開先に選んだのは嘉南大圳組合が管理している烏山頭の職員宿舎の一棟であった。外代樹と子供たちは一〇年ぶりの、いわば里帰りにも等しい落ち着き先を探したのである。

組合は本部を何度か移転しているが、一九四一年には現在も使われている台南市の友愛街に鉄筋三階建てのどっしりとした建物を建設していた。しかし、本部は台南市の空襲で烏山頭に疎開を余儀なくされ、外代樹たちが疎開する時期には職員クラブに移っていた。

終戦まで三カ月、烏山頭は台南と比べれば静かな時間が過ぎていったが、それでも数回の空襲に見舞われ、一度は投下された爆弾が堰堤の近くに不発で刺さったこともあった。米軍機は堰堤を決壊させて、下流域を水没させる作戦であったようだが、職員の決死の不発弾撤去作業で、事なきを得たという終戦間近の秘話も残されていた。それに、外代樹にとって烏山頭は、與一の転勤で台北、嘉義と移り住んで嘉南大圳が完成するまでの一〇年余を過ごした土地であるだけに、とくに思い出の残る土地でもあった。

十六歳で與一と結婚し、八人の子供を産み育てた台湾は外代樹にとっては、故郷の金沢よりも思い出が染みついた土地で、二八年余りを過ごしていた。四十四歳になった外代樹は、烏山頭の宿舎では日がな與一の菩提を弔うことと、夫の造り上げたダムの周りを散歩することが日課であったようだ。

終戦「長い一日」

一九四五年（昭和二十）八月十五日。この日台北は、釜の底の豆が弾けるほどのうだるような熱さで、市民はラジオの重大放送を待っていた。しかし、十一時から始まった天皇の玉音放送は、空電状態が続いて放送の内容はほとんど聞き取れなかったという。そして、八月十五日は日本内地同様に、台湾の在留日本人にとっても「もっとも長い一日」であった。そして、その長い一日を極度の緊張状態で過ごしたのはほかならぬ、台湾統治のシンボルになっていた赤煉瓦の総督府に勤める高官たちであったろう。

総督府では十五日から十六日にかけて徹夜で幹部たちが事務官に命じて、新たに台湾に進駐してくる国民党政府の代表と交渉するための、資料作りに忙殺されていた。しかし、この時点では誰が正式の代表なのか、またいつ台湾に進駐してくるのか、詳細はまったく不明であった。とはいえ、役人のする仕事にそつはなく、わずかな時間のなかで、台湾に生活している在留日本人の生命、財産に関わる安全保障を網羅した交渉資料を作り上げていた。

一、休戦協定及び講和条約の締結の時期の見通しに関する件
一、駐兵に関する件
一、台湾の本島人の国籍に関する件
一、在台の内地人を可能な限り台湾に居住せしむる件
一、内地に引き揚げる者の取扱に関する件
一、配船に関する件
一、引揚者の順序に関する件
一、国有財産、公有財産の帰属に関する件
一、私有財産の尊重、営業の自由確保に関する件
一、官公吏の取扱に関する件
イ、恩給、年金、退職手当てに関する件

ロ、台湾の官吏の内地転任に関する件
ハ、台湾に居住する者の取扱に関する件
ニ、下級者の処遇に関する件
一、特別の法令により設立された会社、銀行、営団、金庫及び統制会社令により設立された統制組合の処置に関する件
一、日銀券、台湾券の通用を認めさす件
一、教育に関する件
イ、高専、高校、大学予科及び大学に在学する者の転入学に関する件
一、特別の援護に関する件（荷物の一部を内地に託送）
一、戦時災害保険に関する件
一、各種共済組合、財団法人等の処置に関する件
一、地方費支弁の官吏の処遇に関する件
一、地方公共団体職員の恩給支給に関する件
一、地方の公共団体の負債に関する件
一、内台間の電信、電話の確保に関する件
一、内台間の郵便逓送路の確保に関する件
一、放送の確保に関する件

一、内台航空路存続の件
一、残存貯金原簿の内地貯金局に移管の件
一、簡易保険に関する件
一、郵便貯金に関する件

実際、これだけの安全保障を盛り込んだ内容の資料を一日足らずで、総督府が作成したとはどうしても考えられないのだが……。当然、交渉資料としてより具体的な細目も作成していたわけで、当局は終戦前から準備していたことがうかがえる内容であった。

台湾は終戦から二カ月の間、全土で不気味な沈黙が流れていたが、日本内地と比べると混乱はさほどなく、表面は平静さを保っていた。それは、総督府や第一〇方面軍の市民に対する「軽挙妄動を慎み、当局の指示、命令を聞くこと」という呼びかけが徹底したこと、それに直接、米軍の進駐がなかったことが大きな理由であった。

十月十七日、最初の進駐軍一万が基隆港に到着した。前月、中華民国総統蒋介石は台湾を支配するために「台湾省行政長官公署組織大綱」を公布し、行政長官に浙江省首席の前出の陳儀を任命した。陳儀の到着に先立って、先遣隊として陳儀の掌握する中国第六二軍と第七〇軍の混成部隊が台湾駐防軍として基隆に上陸したのである。終戦から二カ月しての台湾駐防軍の進駐はのんびりしているように見える。しかし実は日本軍は南京で支那派遣軍と中国陸軍総司令部との間で降伏文書に署名したものの、台湾にはまだ完全武装の二〇万余の日本軍が駐留していることを陳儀は知っており、その動静に神経質になっていたため

外代樹が身投げした放水口

進駐が遅れたというのが真相のようである。また、陳儀が上海から専用機で台北の松山飛行場に到着したのは、先遣隊が基隆に上陸した一週間後であった。台北は人の熱気と灼熱の暑さでうだっていたが、烏山頭は夕方になれば気温も下がり、しのぎやすい日が続く秋であった。八田家の家族は普段と変わらぬ日で過ごしている。しかし、外代樹の様子に変調が目立ちはじめたのは終戦間もなくで、子供たちはそれとなく母親の様子を気にかけていた。

入水自殺

九月一日未明、まだ夜も明けきらぬ午前五時、空には満天の星が煌めいている時刻。外代樹は一人、宿舎を抜け出して迷うことなく放水口へ向かった。まるで、その日を覚悟していたように足取りはしっかりしていた。

「奥さんは覚悟の自殺だったのです。私も後で先輩から聞いた話ですが、机の上に『玲子も成子も大きくなったのだから、兄弟、姉妹仲良く暮らして下さい』と、書かれた便箋の遺書があったそうです」

この話をしてくれたのは、筆者の台湾取材でいつも世話になっていた先出の徐欣忠である。そして、九月一日を自殺の日に選んだのは、烏山頭ダムの起工式の日であったという理由を詮索する必要もなかろう。徐はさらにこんな話もしてくれた。

「遺体は放水口から八キロも離れた場所で、水門に引っかかっているところを農民が見つけたそうですが、衣服は黒の喪服に白足袋だったそうです。それと、放水口の身を投げた場所には草履がキチッと揃えられて置かれていたそうです」

外代樹は夫が精魂込めて作り上げたダムの放水口で自らの命を絶った。享年四十五歳。今、夫婦の墓は、烏山頭ダムを見下ろすガジュマルの樹に囲まれた、小高い丘の上に建っている。二人の遺骨が納められた墓は、まるで烏山頭ダムが永遠に残ることを念じているように見守っている。

エピローグ

台北で、中華民国を代表する新任の台湾省行政長官兼警備総部司令の陳儀と、日本を代表して第一〇方面軍司令官兼台湾総督の安藤利吉陸軍大将との間で「降伏文書」が取り交わされたのは、終戦の年の十月二十五日である。会場は現在、中山堂が建っている台北市公会堂であった。そして、降伏文書の署名が終わると、陳儀は布告第一号の声明を発表している。

「日本軍は民国三十四年九月九日、南京に於て降伏調印を行った。本官は中国戦区最高統帥蒋中正、中国陸軍総司令官何応欽の命令を奉じて、台湾受降主管となり、ここに第一号命令を日本側台湾総督兼第一〇方面軍司令官安藤利吉大将に受渡し、その実行を希望する」

第一号布告とは総督府の行政機能の停止と在台日本軍の武装解除であった。そして、翌日からは日本人の引き揚げ業務と財産管理を主管とする「日僑管理委員会」が発足し、すべての在台邦人はこの日僑管理委員会の指導下に置かれることになった。それと、陳儀から指示された日本人の処遇は総督府が事前に交渉資料としてまとめた先出の内容とは違い、厳しいものであった。もちろん、日本側の受け皿になった

「日僑互助会」に総督府の幹部は資料を渡して、交渉の手探りをしてはいたが、ほとんど拒否されて、通達された日本人の処遇は以下のようなものになっていた。

一、日僑はなるべく早い時期に引き揚げを完了すること
一、在台中の日僑は十戸内外を以て「組」を組織し、十組を以て「班」をつくる
一、その班長、組長は日僑管理委員会の指示を速やかに下部に伝達し、周知せしむる
一、引揚者は一人につき金一千円のみを携帯することを許可する
一、引揚者は銃器、刀剣、写真機、美術品、貴金属の携帯を禁じる

敗戦国民としてこの中国側の命令は、当然といえば当然の処置と受け止めた人間もいるが、少なくとも財産を持っていた在留邦人は厳しい制裁と、落胆した人も多かったと聞く。そして、引き揚げの第一陣は一九四五年（昭和二十）十二月から始まった。まず澎湖島に駐留していた陸海軍人である。また、民間人の引き揚げは翌年二月から開始されたが、引き揚げの順番で相当もめたこともまた事実である。なにしろ、民間人の第一船には総督府関係者とその家族、つづいて台湾銀行、台湾電力、台湾拓殖、台湾製糖などの関係者で占められていたことが、一般邦人に不満の火をつけたのである。

それと、先述した中島力男のように、戦後の台湾復興に役立つ日本人は日僑管理委員会から「留用」という指令で、現在地を離れることが禁じられていた。そして、引き揚げ地は北の基隆と南の高雄の両港が充てられ、ほぼ台中を境に在留邦人はいずれかの港に集まったのである。

八田の遺族のうち、次男の泰雄が学徒動員から解放され第一陣の引き揚げ船で高雄から内地に向かった

台南市にある嘉南農田水利会

のは一二月二十八日である。ほかに残された三姉妹も暮れが押しせまってきた十二月十五日に組合の職員に引率されて、これも高雄港から日本内地に引き揚げていった。浩子の胸には両親の遺骨が納まった骨壺がしっかりと抱かれていたという。

一方、進駐してきた台湾駐防軍警備総部は十一月一日に総督府の接収を完了して、「捕縛班」は、次々に総督府や第一〇方面軍の高官に対して逮捕令を発した。安藤利吉大将が逮捕されたのは四月十三日であった。後日、安藤は身柄を上海の捕虜収容所に引き渡されたが、四六年七月に収容所で服毒自殺を遂げた。そして、在台の一般邦人の引き揚げが完了したのが四月で、その数は三二万二〇〇〇余人であった。

また、日僑管理委員会も敵性資産として在台の日本資産を次々と接収し始めていた。嘉南大圳組合も、もちろん、接収の対象になっていた。しかし、受権者が台湾人であることから、管理委員会は組合を直接、接収せずに台湾人に組合の管理と運営を一任し、管理組合の名称も「嘉南農田水利会」と変更して、戦後烏山頭水庫の自主管理を始めたのである。

今日、烏山頭水庫を中心とした周囲一帯の広大な造林地帯は、一般人の立入りを厳しく制限しており、その保護対策のお陰で周辺は野鳥や小動物の天下になっていた。それに、雨期になると、貯水量が減ったとはいえ烏山頭水庫は満々と水を蓄え、往時と変わらぬ姿で訪問者を迎えてくれる。

現在の価値に直して三五〇〇億円を投じ、一〇年の歳月をかけたセミ・ハイドロリック・フィル・ダムが今を去る六七年前に台湾に完成した。しかし、日本の土木界でもっとも権威があるとされる編年史の『日本土木史』に、烏山頭ダムと八田與一の功績は一行も記されていない。

（登場した人たちの敬称は略させていただきました）

あとがき

台湾へは何度も出掛けた経験がある。北回帰線が通る嘉義市から阿里山森林鉄道に乗って、亜熱帯から亜寒帯までの植物分布を目のあたりにした時の感動というか、驚きを今でも思い起こすことができる。そして、戦前、新高山と呼ばれた富士山よりも高い玉山に登攀して、御来光を拝んだときの感動もまた、忘れることのできない思い出であった。

ところで、筆者が今回、嘉義からさらに南に位置する台湾の古都と呼ばれている台南市へ足繁く通った理由は、本書のテーマである「百年ダムを造った男」八田與一について調べることが目的であった。一年間に七回、台南市とその周辺を駆けずり回った。もちろん珊瑚潭も三回訪れ、そのたびにダムを管理している嘉南農田水利会の職員の方々にはお世話になっていた。

筆者は戦前の台湾での生活体験もなく、自分の肌で台湾をじかに知ったのは一九七〇年代で、それもほんの一分野を取材していたにすぎない。それを今回は、時代も明治、大正、昭和と三代にわたって台湾で活躍した日本人土木技術者の足跡を追いかけるという、ノンフィクションに挑戦した。そのことはとりもなおさず、日本が台湾を領有してから、終戦で台湾を中華民国に返還するまでの五一年間の歴史と、東アジア圏に属する日本、台湾、中国、朝鮮の現代史を学ぶ旅でもあった。

結論から言えば、八田與一が今日でも台湾の人たちに敬愛されている理由が、取材を通して筆者なりに理解できたことと、また與一の残した土木遺産が現在も立派に現役で使われていることの素晴らしさに驚いたのである。

旧植民地の台湾で日本人が五一年間にわたって行ったものは、功罪数多くあると思う。だが少なくとも、八田與一の業績は日本人として誇れるものの一つであることにまったく異論はないはずである。そして、與一と同時代に台湾で活躍し「蓬萊米の父」と呼ばれている農学博士の磯永吉や、農業技術者の末永仁も台湾の人たちには尊敬されている人物であった。「技術は国境を越える」とは、取材で話を聞かせてくれた新営の女子高校生の言葉であったが、脱稿した今、筆者は彼女の言葉をかみしめている。

一年を超える取材期間で会った人物は五〇人を超えた。なかでも、ダムに関する専門知識を伝授してくれた建設省土木研究所の竹林征三氏、そして現地でいつも通訳に当たってくれた嘉南農田水利会の徐欣忠氏、烏山頭の與一の墓の横に墓標を建てた元水利技師の中島力男氏には、三年輪作法を分かりやすく解説してもらった。

また、入院中にもかかわらず病床で台拓時代の貴重な体験を話してくれた三日月直之氏、英文翻訳に協力してくれた神田綾子さん。そして、八田家の私的な事をいろいろと話してくれた八田晃夫氏には心からお礼を申し上げる。

本書が上梓できたのは、このほかにも多くの方の協力があったことに、あらためて感謝したいと思う。

一九九七年九月

著者

参考文献

『昭和二万日の全記録』　講談社
『昭和戦前期の日本』　百瀬孝　吉川弘文館
『帝国主義下の台湾』　矢内原忠雄　岩波書店
『台湾拓殖会社とその時代』　三日月直之　葦書房
『台湾治蹟誌』　井出季和太　台湾日日新聞社
『台湾終戦秘史』　富沢繁　いずみ出版
『台湾総督府』　総督府編
『日本統治下五十年の台湾』　台湾総督府編
『台湾現勢要覧（昭和十九年版）』　台湾総督府編
『台湾事情（昭和十七年版）』　台湾総督府編
『台湾（四百年の歴史と展望）』　伊藤潔　中公新書
『台湾軍司令部』　吉野直也　国書刊行会
『台湾を愛した日本人』　古川勝三　青葉図書
『朝鮮総督府』　柳周鐄　徳間書店

『日本植民地史（朝鮮・台湾編）』　毎日新聞社
『近代日本と植民地（第二・第三巻）』　監修・大江志乃夫　岩波書店
『日清戦争』　藤村道生　岩波新書
『南進の系譜』　矢野暢　中公新書
『日本土木建設史』　土木工業協会編
『大成建設社史』　大成建設編
『円の百年』　刀祢館正久　朝日新聞社
『大東亜共栄圏の形成と崩壊』　小林英夫　御茶の水書房
『日本植民地鉄道史論』　高橋泰隆　日本経済評論社
『帝国主義下の日本海運』　小風秀雅　山川出版社
『蘭領東印度（南洋叢書）』　満鉄東亜経済調査局編
『日本郵船戦時船史』　日本郵船編
『みずのわ（63号）』　安斉宣伝研究所
『ダム技術（VOL―1）』　ダム技術センター
『地理（31―7）』　古今書院
『森本村史』　森本村役場
『水明かり』　八田與一を偲ぶ会編

『農田水利（第37号）』　嘉南農田水利会編
『米国土木学会（一九一九年版）』　米国土木学会編
『嘉南大圳新設事業概要』　嘉南大圳組合編
『後藤新平伝』　鶴見祐輔　太平洋協会
『戦前期日本官僚制の制度・組織・人事』　戦前期官僚制研究会編　東大出版会
『植民地統治法の基本問題』　中村哲　日本評論社
『台湾の霧社事件』　森田俊介　伸共社
『日米開戦五十年目の真実』　斎藤充功　時事通信社

付録・台湾と八田與一略年表〈八田関係はゴシック〉

一八八五年　福建省から独立、台湾省誕生
一八八六年　**石川県河北郡花園村字今町で出生**
一八九四年　日清戦争勃発
一八九五年　下関講和条約により台湾は日本領となる
一八九六年　第二代総督・桂太郎着任
　　　　　　芝山巌事件発生
一八九六年　第三代総督・乃木希典総督着任
一八九八年　第四代総督・児玉源太郎、民政長官・後藤新平着任
一九〇四年　日露戦争勃発
　　　　　　石川県立第一中学校卒業
一九〇五年　南北縦貫鉄道開通
一九〇六年　第五代総督・佐久間佐馬太着任
一九〇七年　**第四高等学校卒業**
一九一〇年　理蕃五カ年事業始まる
　　　　　　東京帝国大学工科大学土木科卒業
　　　　　　台湾総督府土木部に奉職（技手）
一九一四年　**総督府高等官技師に昇進**

一九一五年　第六代総督・安東貞美着任
一九一六年　**英国、オランダの旧アジア植民地と南洋諸島出張（三カ月間）**
一九一七年　**米村外代樹（十六歳）と結婚・與一（三十一歳）**
一九一八年　第七代総督・明石元二郎着任
一九一九年　台湾教育令施行
　　　　　　台湾総督府庁舎完成
　　　　　　明石総督死去
　　　　　　第八代総督・田健治郎着任（初代文官総督）
一九二〇年　**烏山頭ダム（起工）**
一九二二年　**米国、メキシコ出張（三カ月間）**
一九二三年　摂政宮殿下（昭和天皇）、台湾行啓
　　　　　　第九代総督・内田嘉吉着任
一九二四年　第十代総督・伊沢多喜男着任
一九二六年　第十一代総督・上山満之進着任
一九二八年　台北帝国大学開校
　　　　　　第十二代総督・川村竹治着任
一九二九年　第十三代総督・石塚英蔵着任
一九三〇年　霧社事件発生
　　　　　　烏山頭ダム通水式

一九三一年　**高等官三等一級職に任ぜられる**
一九三二年　第十四代総督・太田政弘着任
　　　　　　第十五代総督・南弘着任
一九三五年　第十六代総督・中川健蔵着任
　　　　　　台湾大地震発生
一九三六年　台北施政四十周年記念博覧会開催
　　　　　　第十七代総督・小林躋造着任
　　　　　　西安事件発生
一九三七年　支那事変勃発
一九三九年　**総督府勅任技師に任ぜられる**
一九四〇年　第十八代総督・長谷川清着任（武官総督）
　　　　　　海南島出張
一九四一年　**朝鮮、満州、中華民国を視察（三カ月間）**
　　　　　　大東亜戦争勃発
　　　　　　高砂義勇隊、フィリピン戦線に出陣
一九四二年　**南方産業開発派遣隊の一員としてフィリピンに派遣が決まる**
　　　　　　乗船した大洋丸が五島列島沖で米潜に撃沈される（殉職）、五十六歳
　　　　　　総督府葬行われる。

一九四三年　第一次陸軍特別志願兵制度施行
　　　　　　第二次陸軍特別志願兵制度施行
　　　　　　海軍特別志願兵制度施行
　　　　　　カイロ会談（ルーズベルト、チャーチル、蔣介石）
一九四四年　台湾に徴兵制施行
　　　　　　台湾沖航空戦
　　　　　　第十九代総督・安藤利吉着任
一九四五年　終戦（台湾、中華民国に接収される）
　　　　　　外代樹・烏山頭ダムの放水口で入水自殺（四十五歳）
　　　　　　陳儀、来台
　　　　　　国共内戦勃発
一九四七年　二・二八事件勃発
　　　　　　陳儀、清郷工作断行
一九四八年　動員戡乱時期臨時条款施行
一九四九年　中華人民共和国建国
　　　　　　中華民国政府、台北に遷都
　　　　　　戒厳令施行
一九五一年　サンフランシスコ講和条約締結
一九五二年　日華平和条約調印

一九七一年　中華人民共和国、国連加盟
中華民国、国連脱退
一九七二年　米ニクソン大統領訪中・「上海コミュニケ発表」
日華平和条約破棄
日中平和友好条約締結
一九七四年　スニヨン（中村輝夫一等兵）、モロタイ島より帰還
一九七五年　蔣介石死去
厳家金、総統に就任
一九七八年　蔣経国、総統に就任
一九七九年　アメリカと国交断絶
台湾関係法、アメリカ議会で制定
一九八一年　李登輝、台湾省主席に就任
一九八四年　李登輝、副総統に就任
一九八五年　蔣経国、「蔣家から後継者を出さない」と公言
一九八七年　戒厳令解除
一九八八年　蔣経国死去
李登輝、総統就任
一九九一年　動員戡乱時期及び動員戡乱時期条款廃止
台湾、ＡＰＥＣ加盟

一九九六年　中台危機
李登輝、直接選挙で総統に就任
一九九九年　台湾大震災発生
二〇〇〇年　陳水扁（民主進歩党党主）、総統に就任
二〇〇一年　原住民身分法が公布される
二〇〇二年　ＷＴＯ加盟
二〇〇三年　李登輝前総統、台湾独立派の会合で「台湾を国名に」と発言
二〇〇四年　陳水扁が総統選で総統に再選される
二〇〇五年　連戦国民党主席が中国を訪問、胡錦涛共産党総書記と会談
二〇〇六年　陳水扁総統、国際社会に対して「台湾」名義での国連加盟を強調
二〇〇七年　呉伯雄が国民党主席に就任
二〇〇八年　国民党の馬英九が総統に就任

著者紹介

斎藤充功（さいとう・みちのり）

1941年東京生まれ、1963年東北大学工学部中退。1973年、国際機械振動研究所を退職後、ノンフィクションライターとして独立。

主要著書＝『中国獄中二五年』（ダイヤモンド社）、『脱獄王』（評伝社）、『ドキュメント謀略戦―陸軍登戸研究所』（時事通信社）、『日米開戦五十年目の真実』（同）、『ドキュメント太平洋戦争』（共著、角川書店）『伊藤博文を撃った男―革命義士安重根の原像』（時事通信社）、『昭和史発掘・幻の特務機関ヤマ』（新潮新書）、『昭和史発掘・開戦通告はなぜ遅れたか』（同上）、『諜報員たちの戦後・陸軍中野学校の真実』（角川文庫）、その他多数。

日台の架け橋・百年ダムを造った男

発　行	2009年4月5日
著　者	斎藤充功
発行者	北村　徹
発行所	株式会社時事通信出版局
発　売	株式会社時事通信社
	〒104-8178　東京都中央区銀座5-15-8
電　話	03(3501)9855　http://book.jiji.com
印刷所	図書印刷株式会社

ISBN 978-4-7887-0950-8 ／ Printed in Japan